KB091008

색채
심리
도감

색이 지닌 힘으로 사람의 심리를 간파한다

색채
심리
도감

포포 포로덕션 **지음** · **김기태** 옮김

BM (주)도서출판 **성안당**

"KETTEIBAN SHIKISAI SHINRI ZUKAN" by PawPaw Poroduction

Copyright © PawPaw Poroduction 2020

All rights reserved.

First published in Japan by NIHONBUNGEISHA Co., Ltd., Tokyo

This Korean edition is published by arrangement with NIHONBUNGEISHA Co., Ltd., Tokyo in care of Tuttle—Mori Agency, Inc., Tokyo through Duran Kim Agency, Seoul.

Korean translation copyright © 2021 by Sung An Dang, Inc.

포포 포로덕션에서 독자 여러분께

안녕하세요. 포포 포로덕션입니다.

포포 포로덕션은 심리학이나 색채 심리학을 이용하여 기업 컨설팅 및 다양한 콘텐츠를 만드는 기획사입니다. 심리학, 뇌과학, 행동경제학, 게임 이론 등 여러 학문을 구사하여 논리적으로 문제점을 분석하고 새로운 콘텐츠를 만들어내는 것이 전문입니다.

색채 심리에 관해서도 과학을 기반으로 한 독자적인 연구를 몇 차례 진행한 바 있습니다. 전문학교에서는 색채 심리 강좌를 열어 색채 강사를 지도하고 있습니다. 색상의 취향과 성격의 관계를 과학으로 정리한 책 〈색과 성격의 심리학〉은 발행 후 1년이 지난 지금까지 꾸준히 사랑받고 있습니다. 그 정도로 많은 분들이 읽어 주셨습니다. 이 자리를 빌려 감사의 마음을 전합니다.

이 책은 색채 심리라는 장르 전반을 다룬 도감입니다.

색채 심리를 배우고 있는 분이나 전문가가 색채 심리학의 효과를 확인하기 위한 전문서일 뿐만 아니라 초보자 여러분의 색 지식을 늘려 풍요로운 생활을 보내는 데 활용할 수 있도록 구성했습니다. 〈색과 성격의 심리학〉에서는 색상이 성격이나 감정에 영향을 미치는 효과를 설명했지만, 이번에는 깊고 넓은 색채 심리에 초점을 뒀습니다.

한편 이 책은 색채 심리와 관련된 모든 것이 망라되어 있는 유사한 책이 거의 없는 도감이라고 할 수 있습니다. 감각이나 판단에 영향을 미치는 효과, 생체에 영향을 주는 효과도 설명하고 있습니다.

또한 색의 기본에서 색과 문화, 색의 유래, 색의 이미지, 색의 가능성까지, 색채 심리를 종합적으로 다루고 있습니다. 색채 심리를 배우려는 분들께 반드시 추천하고 싶은 책입니다.

　색은 복잡한 효과를 가지고 있어 컨트롤하기 어려운 것도 사실입니다. 색을 얼마나 사용했는지의 비율과 어떤 색을 어떻게 조합했느냐에 따라 복잡한 효과를 만듭니다. 색은 너무도 복잡하지만, 그래서 재미있다고 할 수 있겠지요. 색의 효과에는 일정한 규칙이 있습니다. 이 기초적인 효과를 알고, 더 자유롭게 활용해주었으면 합니다.

　또한 이 책에서는 색의 세계로 안내하는 역할에 색의 요정을 비롯해 캐릭터가 등장합니다. 색신들은 색을 사용하는 방법에 대해 설명할 뿐만 아니라 사용 포인트도 많이 소개해줍니다. 부디 생활 속에서 어떻게 활용할 수 있을지 구체적인 이미지를 떠올리면서 색의 세계를 즐기시기 바랍니다.

　그럼 재미있고 신비로운 색채 심리의 세계로 떠나볼까요.

들어가며

색은 우리가 탄생하기 전부터 존재했고 자연계를 장식했습니다. 인류는 색에서 태어나고 색과 함께 살아왔습니다. 자연의 하늘과 산 또는 숲과 바다는 색이 있고, 우리 조상들은 거기에서 색을 차용해 사용해왔습니다.

인류가 색을 사용한 흔적은 약 35만 년 전 전기구석기시대로 거슬러 올라가는데요, 당시에 신체와 유골 등이 빨간색 안료로 장식되어 있는 것을 확인할 수 있습니다. 안료란 물이나 다른 용제에 녹지 않는 색을 띤 미량 분말을 말합니다. 후기구석기시대에는 프랑스의 라스코 동굴 벽화와 스페인 알타미라 동굴 벽화에서도 붉은 안료가 사용된 것을 확인할 수 있습니다.

세계는 색을 구별해서 색의 이름을 붙인 역사가 있습니다. 많은 나라에서는 먼저 밝은 것을 '하양', 어두운 것을 '검정'으로 표현하고, 여기에 차가운 색이나 따뜻한 색을 더한 것이 일반적인 색의 이름이 파생된 과정입니다. 그런데 일본의 색이름 역사는 조금 다릅니다.

원시 일본에는 빨강, 검정, 파랑, 하양이라는 4가지 색의 이름이 있었습니다. 빨강은 (날이) 새다, 밝다에서, 검정은 (날이) 지다, 어둡다에서 유래된 것으로 알려져 있습니다. 일본에서는 처음으로 빨강이 태어난 것입니다. 일본은 여느 나라와는 다른 독특한 색채 문화가 탄생했다고 말할 수 있습니다.

이곳은 오카야마현의 모처에 있는 아카가미 신사. 일본 최초의 색인 빨강을 모시고 있는 신사입니다. 오늘도 이 신사에는 색을 둘러싼 고민을 안고 있는 사람들이 전국에서 모여듭니다. 신사 입구에서 이상한 코뿔소가 주위를 두리번거리면서 걷고 있습니다. 새하얗게 치장한 이상한 코뿔소입니다. 아무래도 길을 잃은 것 같습니다.

색의 탄생 과정

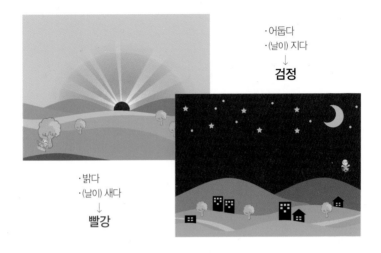

·어둡다
·(날이) 지다
↓
검정

·밝다
·(날이) 새다
↓
빨강

그곳에 고양이 한 마리가 지나가다가 말을 겁니다.

"어이, 흰 코뿔소라니 참 신기하네. 무슨 일이야?"

"아, 안녕, 저기, 아카가미 신사를 찾고 있는데. 이 근처라고 들었어."

흰 코뿔소는 뭔가 겁에 질려 무서워하는 것 같았어요.

고양이는 뭔가 생각한 듯한 표정을 짓고 "응, 저쪽 맞아."라며 왼쪽 길을 가리켰습니다.

"아, 고마워."라고 코뿔소는 깊이 머리를 숙이고 고양이가 가리킨 쪽으로 걷기 시작합니다.

고양이는 그 뒷모습을 보고 씨익 하고 웃음을 띠었습니다. 조금 걷다가 뒤를 뒤돌아본 코뿔소는 고양이에게 몇 번이고 머리를 숙였습니다. 처음에는 이상한 웃음을 지었던 고양이는 묘한 표정을 지었습니다.

"아, 미안해. 착각했어. 신사는 이쪽이야."

고양이는 코뿔소가 걸어가는 곳과 반대 방향인 오른쪽 길을 가리키며 말했습니다.

"나도 신사에 갈 거야. 함께 갈래?"

코뿔소는 종종걸음으로 걸어와서 "그래."라고 큰 목소리로 말했습니다.

"그런데 너는 왜 하얀 거야? 내가 아는 코뿔소는 이런 색이 아닌데."

"그게, 내 색을 잃어버렸어."

"색을 잃었다고?"

고양이는 놀란 목소리를 말했습니다.

"응. 나는 색채 코뿔소야. 원래는 빨간색이지만 성인이 되면 좋아하는 색으로 변할 수 있는 성질이 있대. 하지만 나는 모든 것에 자신이 없어. 그랬더니 좋아하는 색으로 변하기는커녕 점점 색이 빠지더니 하얗게 돼버렸어…."

"그런 일이 있었구나."

"응. 그래서 색의 탄생을 모신 신사인 아카가미 신사에 가면 색을 되돌릴 수 있을까 해서 말야."

"응. 재밌네."

코뿔소는 살짝 고양이의 눈치를 살피더니 물었습니다.

"근데, 너는?"

고양이는 힐끗 자신의 펜던트에 시선을 떨구더니 "아카가미 신사에 가는 건… 뭐 그냥 지나가던 길이었을 뿐이야."라고 말했습니다.

고양이와 코뿔소는 토리이(鳥居. 신사 입구에 세운 기둥 문)를 돌아 작은 본전에 도착했습니다. 본전에서 묵례를 하고 있자니 어디선가 목소리가 들려왔습니다.

"색의 영수 코뿔소라니, 희귀한 생물이 왔구나."

고양이와 코뿔소는 주위를 둘러봤지만 아무도 없습니다.

"여기야, 여기."

본전의 지붕에서 둘 앞에 작은 그림자가 드리웠습니다. 이상한 얼굴에 눈이 크고, 빨간 헬멧을 뒤집어쓴 독특한 모습을 하고 있었습니다.

"빨강 색신이야."

둘은 놀란 나머지 뒤로 넘어갔습니다.

"뭐야, 코뿔소는 색을 잃은 거야. 그래서 여기에 온 거냐?"

"하하하. 네."

"그리고 너는 고양이냐?"

"네."

"뭐야, 너는 성격이 문제구나. 겉과 속이 다른 성격이 탈이 나서 펜던트가 까맣게 변했구나."

고양이는 깜짝 놀라며 목에 걸고 있는 목걸이에 시선을 떨구었습니다.

자세히 보니 하트 모양의 펜던트는 분홍색이 아니라 거무스름하게 변해 있었습니다.

"빨강을 잃은 코뿔소와 검게 변한 고양이라. 이 신사에 어울리는 동물이구나."

이렇게 말하며 빨강 색신은 큰소리로 웃었습니다.

"색상의 탄생 과정을 감안하면 '검정'의 반대어는 '하양'이 아니라 '빨강'이니까 말야. 재미있는 조합이잖아."라며 또 웃었습니다.

"코뿔소, 너는 색의 영수(靈獸)야. 색상의 지식을 배워 어쨌든 자신감을 되찾지 않으면 안 되겠구나. 그리고 고양이 너는 성격을 바꾸지 않으면 검은색 펜던트는 원래대로 돌아가지 않아."

코뿔소와 고양이는 빨강 색신의 이야기에 압도됐습니다.

"아주 잘 됐어. 오늘부터 제239회째 이로가미 색채 심리 학원이 시작돼. 색채와 색채 심리를 배우도록 해."

"네. 네."

"색에는 다양한 심리적 효과가 있어 감각이나 신체에 영향을 주지. 물론 마음에도 영향을 미친단 말이야. 코뿔소는 색의 지식을 익히고 자신감을 되찾을 것. 고양이는 색의 힘을 성격 바꾸는 데 이용할 것."

"네네."
코뿔소와 고양이는 차분히 머리를 끄덕였습니다.

"좋아, 저기 본당에서 접수를 하도록 해."
왼쪽에는 빨간색으로 장식된 멋진 건물이 있고, 빨강 색신은 그 입구를
가리켰습니다.

"뭐, 뭐야. 우리가 낚인 거잖아…."

자신감을 잃고 색까지 잃은 코뿔소와 성격을 바꾸고 싶어 하는 고양이
의 색채 심리를 배우는 여행이 지금 시작됩니다.

서장 색채 심리의 힘

1장 색채 심리 효과

2장　색의 기초, 색이란 무엇인가

3장　색과 문화

4장 색의 유래

5장 단색, 배색과 이미지

6장 색의 가능성

색채 심리의 힘

서장의 강사를 맡은 노랑 색신입니다.
강의를 시작하기 전에 색채 심리란 무엇인지부터
살펴볼까 합니다. 잘 전달될까요.
색의 가능성 및 색과 감정의 이야기, 어떤 때 어떤 색을 보면
마음이 어떻게 변화하는지 등 색이란 게 얼마나 대단한지
알아볼 텐데요. 이 책의 이해를 돕기 위해
색채 심리학이란 무엇인가부터
색의 기본 요소에 대해서도 짚고 넘어갑니다.

색의 가능성 　색은 사람을 장수하게 하는 약?

◎ 화가는 장수한다?

색은 사람의 몸과 마음에 신비한 영향을 미친다. 예를 들어 화가와 같이 색을 다루는 사람은 어떤 이유에서인지 장수를 한다는 주장이 있다.

예를 들어 샤갈 97세, 피카소 91세, 달리 84세, 모네 86세, 거기에 평균 수명이 50세였던 일본 에도시대의 우타가와 쿠니요시(에도시대 목판화가) 63세, 가츠시카 호쿠사이(에도시대 목판화가)는 88세로 장수했다. 색채가 풍부한 인물화와 정물화를 그리는 일본을 대표하는 여성 화가 오구라 유키 역시 105세로 장수했다.

한편 아쿠타가와 류노스케 35세, 다자이 오사무 38세, 시인인 나카하라 츄야 30세 등 유명 작가와 시인의 대부분은 자살을 포함하여 단명했다. 화가는 결코 풍족한 환경이 아니라 빈곤으로 힘들었던 사람이 많았음에도 불구하고 장수를 했다고 할 수 있다.

색은 어쩌면 사람을 장수하게 하는 약이 될지도 모른다는 말이 색채 심리 세계에서는 알려져 있다. 과학적인 근거는 아직 부족하지만 여러 가지 가설이 있을 수 있다.

색을 보는 뇌의 부위와 언어를 다루는 부위는 활동 장소가 다르다. 이 뇌의 기능과, 작가와 화가의 생활환경의 차이에 주목하고 있다. '화가는 장수하고, 작가는 단명한다'는 속설에는 색을 통해서 작용하는 복합적인 요인에서 장수의 가능성을 생각할 수 있다.

색은 매우 뛰어난 힘, 신비한 힘을 갖고 있을지도 모를 일이다.

색상과 수명은 관계가 있다?

그 밖에도
미로   90세
키리코   90세
요코야마 다이칸   89세

샤갈 97세

피카소 91세

달리 84세

화가가 장수하는 이유   〈가설〉

색채에 둘러싸여서 창작 활동을 계속하면 뇌가 활성화되어 노화현상을 억제하는 효과가 있다.

화가는 태양 빛과 관련해서 낮에 일을 하지만, 작가는 자지 않고 집필하는 일이 많다 보니 컨디션 난조를 일으키기 쉽다.

그림의 구도를 생각할 때 뇌의 기능이 영향을 주고 있다.

색상은 마음에 영향을 주는 효과가 있어 색을 보고 있으면 스트레스가 발산된다. 표현하는 행위 역시 스트레스 발산에 도움이 된다.

감정을 바꾼다 ❶ 마음의 불안을 덜어주는 색

다양한 종류의 분홍색을 사용하면 마음의 불안을 해소하는 효과가 있다.

살아있는 것과 꽃 등은 특히 효과가 있다.

배색 예

기본색의 언어 이미지 예

패랭이꽃색

· 부드럽다
· 애정

연두색

· 생명력 있다
· 신선하다

흙색

· 안정감 있다
· 치유된다

    색은 사람의 감정을 바꾸는 힘이 있다. 예를 들어 마음 한켠에 불안을 안고 있는 경우에는 오른쪽 페이지와 같은 색깔을 보는 것이 효과적이다. 불안을 해소하는 데는 개인차가 있겠지만, 부드러운 분홍색으로 안정을 느끼는 방향 ①②③, 차분한 색으로 휴식하는 방향 ④⑤⑥이 있다. 늘 가까이에 두고 만지는 스마트폰의 색상이나 인테리어 등에 사용해보자.

① 베이비 핑크	② 패랭이꽃색	③ 연분홍색
갓 태어난 아기의 옷에 많이 사용된다. 엄마의 애정을 표현한다.	가을 칠초*의 하나. 다소 진한 분홍이 긍정적인 힘의 이미지를 준다.	일명 따오기색. 약간 오렌지 빛을 띠는 분홍색이 활력을 준다.

④ 크림옐로	⑤ 연두색	⑥ 흙색
우유를 가공하여 만든 크림 색상. 전 세계에서 사랑받고 있는 색상	나무의 새싹이 돋아나는 모습을 드러낸다 생명력 넘치는 연두색	부드럽고 강한 대지의 색상. 안정감을 준다.

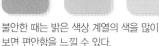

*가을의 칠초(七草) 칡, 도라지, 등골나물, 싸리나무잎, 참억새, 패랭이꽃, 마타리

불안한 때는 밝은 색상 계열의 색을 많이 보면 편안함을 느낄 수 있다.

색의 수치

①
C0 M26 Y11 K0
R249 G207 B209
7RP 8/4

②
C0 M49 Y22 K0
R241 G154 B162
1R 7/8

③
C0 M30 Y21 K0
R247 G196 B189
5R 8/5

④
C0 M5 Y35 K0
R255 G243 B194
4Y 9/4

⑤
C40 M0 Y83 K0
R174 G208 B70
4GY 7/9

⑥
C10 M40 Y55 K30
R180 G132 B92
5YR 5/6

P O I N T **효과가 강한 색상과 약한 색상**

어떤 색깔이 효과가 있을지는 사람에 따라 제각각이므로 효과가 강한 색상과 약한 색상이 있습니다. 여기에 소개하는 색상 외에도 자신이 좋아하는 색상을 사용하는 것도 좋아요. 좋아하는 색상을 보면 편안한 효과가 있으니까요.

감정을 바꾼다 2

활기를 불어넣는 색

노란색이나 오렌지색 계열의 꽃은 마음에 활력을 불어
넣는 효과가 있다.

배색 예

기본색의 언어 이미지 예

공격적인 오렌지*
· 행동적이다
· 건강하다

선샤인 옐로*
· 밝다
· 명랑하다

스칼렛
· 정열적이다
· 강하다

신발, 가방, 코트, 스마트폰 케이스 등에
사용하면 보다 효과적으로 기능한다.

왠지 마음이 맑게 개지 않고 답답할 때 보면 힘이 나는 색이 있다. 비타
민 컬러라고도 하는 감귤류에서 볼 수 있는 선명한 밝은색이다. 가방, 신
발 등의 소품이나 몸에 지니는 것에 사용하면 효과가 있다.

인테리어에 이러한 색의 꽃을 장식하는 것도 효과적이다.

① 마리골드 (천수국)

멕시코가 원산지인 국화과 꽃에서 볼 수 있는 노란색. 주로 노란색이지만 오렌지색 꽃도 있다.

② 해바라기

태양을 향해 큰 꽃을 피우는 해바라기의 오렌지에 가까운 노란색.

③ 공격적인 오렌지*

보고 있기만 해도 힘이 생겨 행동을 촉진하는 선명하고 강한 오렌지색.

④ 카나리아 깃털 색

카나리아의 깃털 색깔. 밝고 명랑한 인상을 주는 색.

⑤ 선샤인옐로*

많은 나라에서 태양을 상징하는 색으로 사용되는 노란색.

⑥ 스칼렛 (진홍색, 다홍색)

적색 곤충의 일종인 케르메스로 물들인 색. 약간 오렌지색에 가까운 빨강이다.

꽃이나 과일이 가진 강한 생명력을 빌리는 의미에서도 위의 꽃이나 과일 외에도 생명력이 강한 색상을 선택해도 좋다.

---

①
C3 M28 Y80 K0
R245 G194 B63
3Y 8/10

②
C0 M32 Y91 K0
R248 G187 B12
1Y 7/12

③
C0 M50 Y100 K0
R243 G152 B0
5YR 7/14

④
C7 M12 Y94 K0
R243 G217 B0
7Y 8/11

⑤
C0 M0 Y100 K0
R255 G241 B0
6Y 9/12

⑥
C0 M80 Y75 K0
R233 G85 B57
7R 5/14

P O I N T 기운이 없을 때 보면 좋은 색

기운이 없을 때는 노란색에서 오렌지색까지를 중심으로 활용하면 좋아요. 물론 빨강은 행동을 촉진하는 색이기도 하지만, 기운이 없을 때 너무 강하기 때문에 조금만 사용하도록 하세요.

색채 심리학이란?

색을 알면 인생이 즐거워진다

◉ 색채 심리학이란

첫째, 심리학이란 간단하게 말하면 사람의 심리나 행동에 관한 법칙을 밝히는 학문이다. 개인의 믿음이나 감각이 아니라 실험이나 관찰법 등 과학적인 방법으로 수집한 데이터를 이용하여 마음의 움직임을 통계적으로 분석한다.

색채 심리학은 심리학의 기초적인 개념을 응용한 것이다. 색이 사람의 심리나 행동에 어떻게 영향을 미치는지를 조사하고 일정한 법칙을 찾아내려고 연구하고 있다. 색채 심리학은 연구 역사가 짧아 학문으로서 제대로 확립되어 있지는 않다. 지금도 발전하고 있으며, 앞으로가 기대되는 학문이라고 할 수 있다.

이 책에서 생각하는 색채 심리학은 색이 사람의 마음과 몸에 어떤 영향을 미치는지, 특정 색이 어떤 영향을 미치는지, 어떤 감정일 때 특정 색상을 선택하는지 그 법칙을 찾아내는 것으로 정의하고 있다.

구체적으로는 빨간색을 보면 몸과 마음에 어떤 영향이 있는지, 어떤 감정 상태일 때 빨강을 추구하게 되는지 조사한다. 이것을 응용하면 좋아하는 색과 성격 사이에 상관관계가 있는지를 알 수 있고 색을 사용해서 사람을 제어할 수 있다.

숨겨진 강한 힘의 정체를 알고 색에 현혹되지 않도록 하되, 색을 잘 활용했으면 한다. 색은 매우 복잡한 작용을 한다. 색을 사용하는 것은 어렵지만, 그래서 재미있다고도 할 수 있다.

색채 심리학이란?
초간단 설명

색이 사람의 마음과 몸에
어떤 영향을 미치는가.

정신 UP

컨디션 UP

활력이
\ 생겼다 /

새로운 것이
\ 좋아 /

특정 색상이 어떤 영향을
미치는가.

어떤 감정일 때 특정 색상을
추구하는가.

색상에 따라 무게가 다르게 느껴진다

이삿짐 상자가…

흰색이라면
가볍게 느껴져서 손쉽게~

\ 냐, 냐옹! /

만약 검은색이라면…!

색채 심리학 학습 방법

◉ 색채 심리학 학습 방법

색채 심리학은 심리학뿐만 아니라 다양한 학문과 관계해야 비로소 성립한다. 그러므로 따로 떼어서 공부해도 효과를 크게 누릴 수 없다.

먼저 알고 싶은 것은 '색'이란 무엇인가 하는 물리학의 이야기, 그리고 색상을 어떻게 인식하고 있는가 하는 생리적인 이야기를 해본다. 원래라면 가장 먼저 배워야 하지만, 지나치게 물리학이나 생리학을 배우다 보면 재미를 느끼기 어려울 수 있다. 그래서 심리학의 재미를 느낄 수 있도록 하자는 생각에서 2장에서 정리했다. 어떤 원리로 색상이 보이는지, 눈의 원리도 포함해서 배운다.

색이 몸과 마음에 어떤 영향을 미치는지의 색의 효과에 대해서는 1장에서 자세히 알아본다. 색이 감정·판단(즐겁다. 슬프다와 같은 것), 감각(무겁다, 빠르다와 같은 체감적인 것), 생체·물질(근육 긴장도, 심박수에 미치는 영향 등)에 어떤 영향을 미치는지를 살펴본다. 색채 심리의 신기하고 재미있는 효과를 많이 소개한다.

또한 사람은 이미지로 사물을 판단하는 경향이 강하고, 그것은 문화적인 배경과 강하게 연관되어 있다. 3장에서는 색과 문화, 4장에서는 색의 유래에 대해 살펴본다. 5장에서는 색이 만드는 이미지를 설명한다. 단색뿐만 아니라 여러 색을 사용하는 배색도 활용할 수 있게 된다. 마지막 6장에서는 색에 관한 최신 연구 결과를 반영한 색채와 색채 심리학의 최신 정보를 정리한다.

이 책의 사용 설명서

1장

색채 심리의 효과는?

감정·판단

감각

생체·물질

색이 몸과 마음에 미치는 영향을 설명한다.

2장

색의 기본 기능은?

색이 보이는 이유와 원리, 물리적·생리학적인 이야기를 해설한다.

3장　4장

색은 어떻게 사용되나?
색의 탄생 과정은?

색과 문화, 색의 유래 등을 소개한다.

5장

색에 따라
정해진 이미지가 있는 이유는?

· 섬세하다　· 상쾌하다
· 부드럽다　· 시원하다

색과 이미지의 관계를 설명한다.

6장

색채 심리학의 미래는?

색의 가능성과 최신 색채 연구에 대해 살펴본다.

색의 기본 요소

색상·명도·채도

◉ 색의 기본 요소

색에는 색상, 명도, 채도의 3가지 성질이 있다. 이를 3속성이라고 한다.

●색상

색상은 빨강, 파랑, 노랑, 녹색 등으로 부르는 색조를 말한다.

●명도

색상의 밝기를 말한다. 명도가 가장 높은 색이 흰색이고 가장 낮은 색은 검은색이다.

●채도

색의 선명함, 색조의 세기를 말한다. 무엇보다 채도가 높은 순색에 가까운지, 색조가 없는 무채색(흰색, 회색, 검은색)에 가까운지 하는 색조의 강도 차이를 나타낸다.

색의 기본 요소

●색상

빨강, 노랑, 파랑, 녹색이라고
부르는 색조를 색상이라고 하고,
비슷한 색을 나란히 원형으로
만든 것을 색상환이라고 한다.
빨간색에 노란색을 섞으면
오렌지색이 되고 노란색에
녹색을 섞으면 노란색을 띤
녹색이 된다.

●명도

명도는 색의 밝기를 나타낸다. 명도가 높을수록 흰색에 가까워진다. 파란색의 명도가 높은 색(흰색 혼합)이 하늘색이고, 명도가 낮은 색(검은색 혼합)이 감색 같은 어두운 파란색이 된다. 무채색은 명도만 사용해서 색을 표현한다.

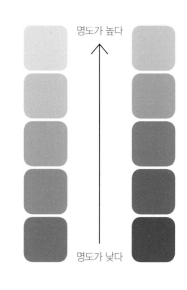

명도가 높다

명도가 낮다

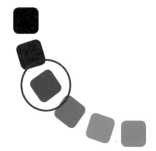

●채도

채도가 낮다 ⟶ 채도가 높다

채도는 색의 선명함, 강도를 나타낸다. 채도가 높으면 순색에 가까워지고 색에 회색을 더해가면 채도가 낮아진다.

순색

유채색의 각 색상 중에서 가장 선명한 색(가장 채도가 높은 색상)이다.

등장 캐릭터

고양이

겉과 속이 다른 성격이 빌미가 되어 목에 건 분홍색 펜던트가 검게 변하고 말았다. 색의 힘을 사용하여 성격을 바꾸려고 한다.

코뿔소

어른이 되면 좋아하는 색을 선택할 수 있지만. 자신감을 잃은 탓에 색마저 잃어버렸다. 색을 통해 자신감을 되찾으려고 한다.

색신

색을 만들어내는 것으로 알려진 색의 신. 사람이나 동물들에게 진정한 색 사용법을 가르치고 있다. 색마다 개성적인 신이 있다.

색채 심리 효과

이 장에서는 다양한 색채 심리 효과를
설명할 거랍니다. 색이 마음에 영향을 미쳐
어떻게 감정을 변화시키고 감각을 뒤틀어지게 하는지,
또한 어떤 식으로 몸에 영향을 주는지를 알아보아요.
이처럼 색은 사람의 마음과 몸에
다양한 영향을 준답니다.
색이 가진 대단한 힘과 신비함을
이해할 수 있을 거예요.

심리 효과의 종류

색이 영향을 미치는 것

색이 사람에게 주는 효과에는 다양한 종류가 있다. 마음에 영향을 미쳐 감정에 변화를 일으키고 감각을 변질시킬 뿐 아니라 몸에도 영향을 미치는 일도 있다. 많은 효과가 있기 때문에 이 장에서는 무엇에 영향을 미치는지에 따라 효과를 3가지로 분류했다.

◉ 감정에 영향을 미치는 것

사람은 색을 보면 마음속에서 다양한 감정이 일어난다. 색과 감정 사이에 결합되기 쉬운 관계가 있어 '쉬고 싶다'고 느낄 때 그런 감정을 유도하기 쉬운 색이 있다. 또한 색의 취향과 성격 사이에는 상관관계가 있으며, 여기에서는 색과 성격의 관계를 포함하여 색이 감정에 영향을 미치는 효과를 정리한다.

◉ 감각과 판단에 영향을 미치는 것

색은 사람의 감각을 변질시킬 수도 있다. 색상에 따라 실제 무게보다 무겁게 느끼거나 가볍게 느끼기도 하고, 또는 앞으로 보이기도 하고 뒤로 보이기도 한다. 또한 미각에도 영향을 미칠 수 있다. 또한 그로 인해 잘못된 판단을 할 수도 있다. 여기에서는 그러한 마음의 문제 이외에 판단을 변화시키는 것에 대해서도 살펴본다.

◉ 신체에 영향을 미치는 것

마음에 미치는 영향뿐만 아니라 피부와 근육 등 몸에 영향을 미치는 효과를 정리한다. 단지 신체에만 영향을 미치는 게 아니라 몸과 마음 모두에 영향을 미치는 것도 일부 포함되어 있다.

심리 효과의 세 가지 종류

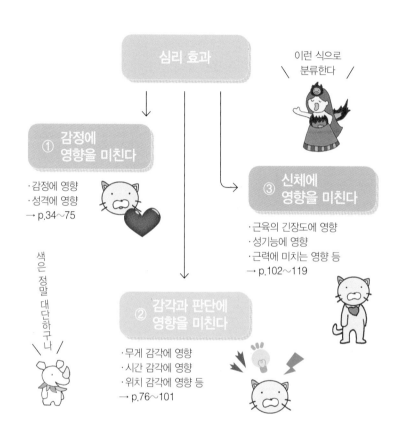

심리 효과

이런 식으로 분류한다

① 감정에 영향을 미친다

·감정에 영향
·성격에 영향
→ p.34～75

③ 신체에 영향을 미친다

·근육의 긴장도에 영향
·성기능에 영향
·근력에 미치는 영향 등
→ p.102～119

색은 정말 대단하구나

② 감각과 판단에 영향을 미친다

·무게 감각에 영향
·시간 감각에 영향
·위치 감각에 영향 등
→ p.76～101

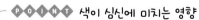

P O I N T 색이 심신에 미치는 영향

몸과 마음에 미치는 영향은 완전히 다른 것이 아니라, 심신에 동시에 영향을 미치는 일도 드물지 않습니다. 그 이유는 사람의 마음과 몸이 밀접하게 관계하고 있기 때문이지요.

색과 감정

기분에 따라 보면 좋은 색

◉ 색과 감정의 관계

사람은 색을 보면 마음속에 다양한 감정이 일어난다. 어떤 감정을 갖느냐는 색의 기호와도 관련이 있어 좋아하는 색을 보면 긍정적인 기분이 드는 반면 싫어하는 색을 보면 불쾌한 기분이 들기도 한다. 어떤 색을 좋아하는지는 개인차가 매우 커서 10명 있으면 10명이 모두가 다르다. 단순히 많은 사람들이 선호하는 색을 추구하는 것은 난해하다. 색이 가지는 시각적 이미지와 심리적 이미지에서 접근하면 많은 사람들이 공통으로 갖는 감정을 간파할 수 있다. 여기에서는 특정 감정일 때 보고 싶은 색, 보면 마음이 변화하는 색을 정리했다. 색이 감정을 움직이거나 감정에 영향을 미치는 것이다. 색과 이미지의 관계는 5장에서 자세히 알아보겠다.

• 따뜻한 색과 차가운 색

빨강, 주황, 노랑 등은 따뜻한 색이라 불리는 색 그룹이다. 따뜻한 색을 보면 불이나 태양과 같은 따뜻한 이미지를 갖게 된다. 또한 따뜻한 행동적인 감정을 갖기 쉽다. 청록, 파랑, 청자 등은 차가운 색이라 불리는 색 그룹이다. 차가운 물이 연상되고 차가운 이미지를 갖기 쉽다. 감정적으로는 소극적인 마음을 갖게 된다.

• 선명한 색과 옅은 색(엷은 색)

선명한 색은 색이 지닌 고유의 색의 강도가 쉽게 드러나고, 연한 색이나 옅은 색(하늘색, 분홍색 등)은 고유의 색상에 관계없이 전체적으로 부드러운 감정을 일으키는 경향이 있다.

색상과 많은 사람들이 갖는 감정

따뜻한 색
불이나 태양의 이미지에서 '따뜻한' 이미지를 갖는다. 행동적, 외교적 감정도 갖는다.

차가운 색
물이나 얼음의 이미지가 있어 '차가운' 이미지를 갖는다. 소극적, 내성적인 감정을 갖는다.

선명한 색
색이 가지는 고유의 이미지에서 연상되는 감정을 갖는다.

엷은 색
색이 가지는 고유의 이미지와 관계없이 전체적으로 부드러운 감정을 갖는다.

색과 감정의 페이지 사용 설명서

색과 감정 ❶ **강해지고 용기를 갖고 싶다**

배색 예

대표적인 2색 배색과 3색
배색 예를 소개한다.

신사에 사용되는 주홍색은 타오르는 불이나 가라앉는
태양을 나타내며 액막이에 사용되는 강한 색이다.

배색 예

기본색의
언어 이미지 예

홍색
· 힘
· 격하다

엠파이어 오렌지
· 행동적이다
· 활기차다

정흑(浄黒)*
· 강하다
· 엄격하다

활용 예

구체적인 활용법에 대해 일러
스트를 섞어 소개한다.

검은색 옷은 다른 사람의 공격을 방어해
주는 효과가 있다.

강해지고 싶고 용기를 갖고 싶다. 그런 기분을 높이는 데 빨간색이 효
과적이다. 빨강은 불, 태양 등의 시각적 이미지가 있고, 그 힘을 연상하여
기분을 드높여준다. 빨간색 이외에는 주황색, 노란색도 강해 긍정적인 기
분을 주는 색이다. 선명한 색은 강하지만, 캐주얼한 느낌을 돋보이게 하
는 경우도 있다. 검은색 옷을 입고 빨간색을 원 포인트로 사용하면 빨간
색을 강조할 수 있다.

다음 페이지부터 시작한다

언어 이미지 예

색에서 느끼는 일반적인 이미지를 언어화해서
소개한다.

색명

대표적인 6가지 색을 소개하고 있다. 색 이름은 일반적으로 사용되고 있는 것을 선택했지만, 이름도 중요한 심리적 효과가 있다고 생각하고 명칭을 선택하는 것도 중요하게 여겼다. 색 이름 뒤에 '*' 표시를 한 것은 일반적으로 사용되지 않기 때문에 사용 시에 주의하기 바란다. 색은 점으로 보지 않고 범위로 파악하기 바란다. 다른 색 이름 사전이나 이 책에서 사용하는 색 이름은 같은 색이라도 차이가 있을 수 있다.

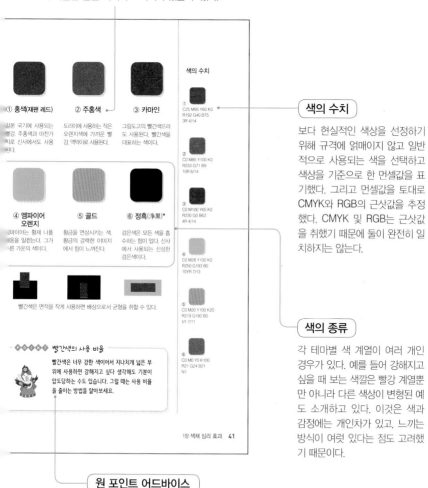

색의 수치

① 홍색(재팬 레드)

일본 국기에 사용되는 빨강. 주홍색과 마찬가지로 신사에서도 사용된다.

② 주홍색

도리이에 사용하는 작은 오렌지색에 가까운 빨강. 액막이로 사용된다.

③ 카마인

그림도고의 빨간색으로도 사용된다. 빨간색을 대표하는 색이다.

④ 엠파이어 오렌지

엠파이어는 황제 나폴레옹을 일컫는다. 그가 가른 가운의 색이다.

⑤ 골드

황금을 연상시키는 색. 황금의 강력한 이미지에서 힘이 느껴진다.

⑥ 정흑(浄黒)*

검은색은 모든 색을 흡수하는 힘이 있다. 신사에서 사용되는 신성한 검은색이다.

빨간색은 면적을 작게 사용하면 배상으로서 균형을 취할 수 있다.

◇◇◇◇◇ **빨간색의 사용 비율**

빨간색은 너무 강한 색이어서 지나치게 넓은 부위에 사용하면 강해지고 싶다 생각해도 기분이 압도당하는 수도 있습니다. 그럴 때는 사용 비율을 줄이는 방법을 알아보세요.

색의 수치 수치표:

C25 M95 Y60 K0
R192 G40 B75
3R 4/14

C0 M85 Y100 K0
R233 G71 B9
10R 6/14

C0 M100 Y65 K0
R230 G0 B62
4R 4/14

C0 M28 Y100 K0
R250 G193 B0
10YR 7/13

C0 M20 Y100 K20
R219 G180 B0
5Y 7/11

C0 M0 Y0 K100
R21 G24 B21
N1

색의 수치

보다 현실적인 색상을 선정하기 위해 규격에 얽매이지 않고 일반적으로 사용되는 색을 선택하고 색상을 기준으로 한 먼셀값을 표기했다. 그리고 먼셀값을 토대로 CMYK와 RGB의 근삿값을 추정했다. CMYK 및 RGB는 근삿값을 취했기 때문에 둘이 완전히 일치하지는 않는다.

색의 종류

각 테마별 색 계열이 여러 개인 경우가 있다. 예를 들어 강해지고 싶을 때 보는 색깔은 빨강 계열뿐만 아니라 다른 색상이 변형된 예도 소개하고 있다. 이것은 색과 감정에는 개인차가 있고, 느끼는 방식이 여럿 있다는 점도 고려했기 때문이다.

1장 색채 심리 효과　41

원 포인트 어드바이스

색신이 색과 감정에 대한 조언을 한다.

색과 감정 ❶   강해지고 용기를 갖고 싶다

신사에 사용되는 주홍색은 타오르는 불이나 가라앉는 태양을 나타내며 액막이에 사용되는 강한 색이다.

검은색 옷은 다른 사람의 공격을 방어해 주는 효과가 있다.

배색 예

기본색의
언어 이미지 예

홍색

· 힘
· 격하다

엠파이어 오렌지
· 행동적이다
· 활기차다

정흑(浄黒)*
· 강하다
· 엄격하다

강해지고 싶고 용기를 갖고 싶다. 그런 기분을 높이는 데 빨간색이 효과적이다. 빨강은 불, 태양 등의 시각적 이미지가 있고, 그 힘을 연상하면 기분을 드높여준다. 빨간색 이외에는 주황색, 노란색도 강해 긍정적인 기분을 주는 색이다. 선명한 색은 강하지만, 캐주얼한 느낌을 돋보이게 하는 경우도 있다. 검은색 옷을 입고 빨간색을 원 포인트로 사용하면 빨간색을 강조할 수 있다.

① 홍색(재팬 레드)

일본 국기에 사용되는 빨강. 주홍색과 마찬가지로 신사에서도 사용된다.

② 주홍색

오렌지색에 가까운 빨간색으로 액막이로 사용된다.

③ 카마인

그림물감의 빨간색으로도 사용된다. 빨간색을 대표하는 색이다.

④ 엠파이어 오렌지

엠파이어는 황제 나폴레옹을 일컫는다. 그가 두른 가운의 색이다.

⑤ 골드

황금을 연상시키는 색. 황금의 강력한 이미지에서 힘이 느껴진다.

⑥ 정흑(浄黒)*

검은색은 모든 색을 흡수하는 힘이 있다. 신사에서 사용되는 신성한 검은색이다.

빨간색은 사용 비율을 줄이면 배색으로도 균형을 취할 수 있다.

P O I N T **빨간색의 사용 비율**

빨간색은 너무 강한 색이어서 지나치게 넓은 부위에 사용하면 강해지고 싶다 생각해도 기분이 압도당하는 수도 있습니다. 그럴 때는 사용 비율을 줄이는 방법을 알아보세요.

색의 수치

①
C25 M95 Y60 K0
R192 G40 B75
3R 4/14

②
C0 M85 Y100 K0
R233 G71 B9
10R 6/14

③
C0 M100 Y65 K0
R230 G0 B62
4R 4/14

④
C0 M28 Y100 K0
R250 G193 B0
10YR 7/13

⑤
C0 M20 Y100 K20
R219 G180 B0
5Y 7/11

⑥
C0 M0 Y0 K100
R21 G24 B21
N1

색과 감정 ❷

아름답게 보이고 싶다

옅은 보라색은 예로부터 사랑받는 색이며, 유행하는 색
으로 여러 차례 역사에 등장한다.

배색 예

기본색의
언어 이미지 예

프렌치 로즈
· 섬세하다
· 부드럽다

시토 화이트
· 깨끗하다
· 청초하다

라일락
· 고급스럽다
· 여성적이다

\ 나, 남자… /

분홍색과 보라색은 흰색을 더하면 효과를
더 높일 수 있다.

아름답게 보이고 싶은 기분을 높이고 아름
다움에 의식이 향하는 것은 분홍색. 또한 등나무와 라일락 등의 옅은 보
라색은 옛날부터 여성들이 선호하는 색 중 하나로, 여성을 아름답게 보이
게 하는 색이다. 흰색도 여자를 젊고 아름답게 보이게 하는 색이므로 잘
조합하면 큰 효과를 얻을 수 있다. 흰색으로 꾸민 벽의 방은 여성을 아름
답게 하는 효과가 있다는 사실은 과학적으로도 증명된 바 있다. 밝은 보
라색 계열 색의 옷을 입으면 여성다운 행동이 증폭한다고 할 수 있다.

① 프렌치 로즈

18세기 프랑스 살롱에서 유행하던 색. 우아한 장식을 이미지한다.

② 오키드 핑크*

분홍색 난꽃을 표현한 색. 다소 보라색에 가깝다.

③ 연분홍색

벚꽃의 꽃잎. 여성을 내면에서 부드럽게 아름다운 색이다.

④ 라일락

동유럽이 원산지인 봄에 피는 꽃. 학명은 Syrigna vulgaris이다.

⑤ 드레시 모브*

모브꽃을 이미지한 드레스 컬러

⑥ 시토 화이트

수도사가 입었던 흰 승의(僧衣). 청초하고 품위 있는 흰색의 이미지

분홍색은 전체적으로 보라색에 치우쳐 있다. 흰색으로 포인트를 주면 우아한 이미지를 만들어 아름답게 보이고 싶은 행동을 촉진한다.

젊음과 아름다움에 관련된 색상

분홍색은 감정적인 요소뿐만 아니라 몸을 젊게 유지하는 색으로도 알려져 있습니다. 흰색 계열 색상과 옅은 보라색은 내분비를 촉진하여 아름다움을 촉진시키는 효과도 기대할 수 있지요.

색의 수치

①
C0 M51 Y13 K0
R240 G154 B174
9RP 7/9

①
C5 M72 Y0 K0
R227 G102 B161
6RP 6/12

③
C0 M24 Y0 K0
R248 G212 B228
7.5RP 9/3

④
C27 M42 Y0 K0
R192 G158 B200
6P 7/8

⑤
C29 M56 Y0 K0
R187 G128 B180
7.5P 7/8

⑥
C0 M0 Y10 K0
R255 G253 B237
10Y 9/1

색과 감정 ❸   사랑받고 싶다

분홍 장미의 꽃말이 '사랑의 맹세'이듯이 사랑을 표현하는 색이기도 하다.

빨간색 옷을 입은 여성은 남성에게 높은 평가를 받는 경향이 있다.

배색 예

기본색의
언어 이미지 예

베이비 핑크
· 섬세하다
· 부드럽다

로열 퍼플*
· 기품이 있다
· 요염하다

레이디 레드*
· 정열적이다
· 여성적이다

　사랑받고 싶은 마음이 생길 때 끌리는 색상은 분홍색 계열의 색이다. 분홍색은 보호 욕구를 자극해서 상대방으로 하여금 지켜주고 싶다는 기분을 일게 하는 색이다. 여성이 입거나 지니면 효과적이다. 빨간색은 여성의 평가를 높이는 색으로 알려져 있고 남성의 감정을 변화시킨다. 보라색 계열의 색은 여성을 아름답고 요염하게 보이게끔 한다. 어떤 색에 반응하는지는 개인차가 있으므로, 상대방의 반응을 시험해보자.

① 베이비 핑크

갓 태어난 여아의 배냇 저고리에 사용되는 분홍색. 어머니의 사랑을 이미지한다.

② 메종 로즈

나폴레옹 황제의 공주 조세핀이 주거한 저택에 피는 장미색

③ 연보라색

연한 보라색. 허브종의 하나인 라벤더색을 말한다.

①
C0 M26 Y11 K0
R249 G207 B209
7RP 8/4

④ 로열 퍼플*

왕실의 전통 있는 기품과 요염한 분위기를 겸비했다.

⑤ 레이디 레드*

빨간색을 입은 여성은 남성으로부터 높은 평가를 받는 경향이 있다.

⑥ 베이비 블루

파란색은 성모마리아의 색. 아기가 보호받을 수 있도록 기도하는 연한 파란색

②
C0 M52 Y12 K0
R241 G152 B175
5RP 7/10

③
C45 M50 Y0 K0
R153 G131 B187
4P 6/6

기본적으로는 빨강에 강한 효과가 있다고 생각된다. 여기에 실려 있는 이외에도 적자색에서 빨간색까지의 색상이 중심이 된다.

④
C46 M82 Y3 K0
R153 G68 B146
8P 4/10

⑤
C4 M90 Y50 K0
R225 G53 B86
2R 5/14

POINT 분홍은 사랑에 효과적?

분홍색은 다양한 색의 효과가 있습니다. 사랑뿐만 아니라 마음을 평온하게 하고 아름답게 보이게 하지요. 분홍색을 잘 활용하는 사람은 색의 효과를 활용할 수 있는 사람이라고 할 수 있습니다.

⑥
C30 M0 Y0 K0
R198 G231 B249
10B 9/3

색과 감정 ④ 　사이좋게 지내고 싶다

옛날부터 감귤색은 친근감을 느끼게 하고, 우리를 안심
시켜 준다.

석양을 함께하면 묘한 일체감이 생기기
도 한다.

배색 예

기본색의
언어 이미지 예

캐주얼 오렌지*

·친근하다
·향수가 느껴진다

선라이즈 옐로
·밝다
·즐겁다

프렌드십 그린*
·온화하다
·부드럽다

　사이좋게 지내고 싶은 감정은 오렌지색의 친근한 이미지에서 유발된다.
오렌지색을 중심으로 생각해보자. 오렌지색과 함께 사용하면 좋은 것은
노란색이다. 노란색의 밝고 즐거운 이미지가 오렌지색과 조화를 이뤄 효
과적으로 작동한다. 또한 사람에 따라서는 녹색 계열의 색과 조합하거나
단독으로 사용하는 것도 사이좋게 지내고 싶은 감정을 자극할 수 있다.
소품이나 옷, 가방 등 다양하게 사용할 수 있다.

① 등황색(귤색)

잘 익은 귤의 색. 오래 전부터 친숙한 색이다.

② 캐주얼 오렌지*

팝의 요소가 가미된 현대 예술과 제품에 사용되는 친근한 색. 주황색과 유사한 색이다.

③ 선라이즈 옐로

태양을 표현한 노란색. 밝은 미소와 같은 색으로 동료와 마주한다.

④ 미모사

미모사의 꽃말은 우정. 많은 사람들에게 사랑받는다.

⑤ 프렌드십 그린*

부드러운 이미지를 가진 친밀감이 느껴지는 연두색

⑥ 터키석

녹색과 파란색의 중간에 위치하는 색. 성실한 친구를 불러 모은다.

①에서 ⑥의 색상을 세로로 일직선으로 나열하면 가지런히 오렌지색에서 청록색까지의 색 그라데이션이 표현된다. 이 범위의 색이 상대방과 친해지는 데 효과적으로 기능한다.

POINT 오렌지색이 너무 강하게 느껴지면

내향적인 사람의 경우는 오렌지색과 같은 따뜻한 색이 너무 강하다고 느낄 수도 있습니다. 그럴 때는 노란색, 연두색, 녹색, 청록색의 색상을 적절히 사용해보세요.

색의 수치

①
C0 M60 Y84 K0
R239 G136 B40
4YR 7/13

②
C0 M50 Y93 K0
R242 G150 B10
5YR 7/14

③
C0 M8 Y89 K0
R255 G229 B3
4Y 8/14

④
C7 M14 Y71 K0
R242 G216 B93
3Y 8/8

⑤
C55 M0 Y94 K0
R127 G190 B54
7GY 7/10

⑥
C91 M0 Y36 K0
R0 G164 B174
1B 6/10

쉬고 싶다

일본식 별실의 색채. 일본식 별실에서 본 경치는 편안함을 주는 색으로 넘친다.

배색 예

기본색의
언어 이미지 예

미색
· 소박하다
· 침착하다

황록색
· 부드럽다
· 생기 넘친다

정원의 나무 그늘*
· 자연스럽다
· 안심된다

관엽 식물은 눈의 피로를 덜어주고 마음도
편안하게 해준다.

　휴식을 취하고 싶을 때 보면 좋은 것은 미색이라는 양모와 같은 색이다. 베이지라고도 불린다. 자연스럽고 차분한 색으로 마음을 릴랙스 상태로 유도한다. 또한 녹색 계열의 색도 진정 효과가 있다. 녹색은 마음에도 부드럽게 작용하고 눈에도 친화적인 효과가 있다. 평소 휴식을 취하는 장소의 색으로 사용하면 좋으므로 그런 장소의 인테리어를 비롯해 자신의 방에서 눈에 띄는 물건에 사용하면 효과가 있다.

① 미색

옅은 노란빛을 띠는 흰색. 양털 같은 부드러운 색

② 말차색*

말차의 옅은 차 색. 편안함을 줘서 한 모금 마시고 싶어지는 색이다.

③ 정원의 나무 그늘*

안뜰에 그늘을 만드는 키 작은 나무색. 평온함을 주는 녹색

④ 홍등

붉은 기를 띤 연보라색. 영어명 라일락과 동일하게 여기기도 한다.

⑤ 황록색

검은방울새의 날개의 밝고 연한 황록색. 범위가 넓고 짙은 색도 있다.

⑥ 옅은 남색

쪽빛의 매우 옅은 색. 하늘색보다 더 옅고 온화한 기분을 느끼게 해 준다.

파스텔컬러는 전체적으로 긴장을 풀어주는 색으로 알려져 있다.

 P O I N T 일본식 별실의 색 효과

미색과 베이지색, 차분한 녹색 계열의 색은 그야말로 일본식 별실과 같은 색채라고 할 수 있습니다. 미색 계열의 색과 나무색을 많이 사용하는 것이 포인트지요.

색의 수치

①
C15 M24 Y40 K0
R222 G197 B157
1Y 8/3

②
C46 M23 Y54 K0
R153 G173 B130
7GY 7/4

③
C53 M25 Y81 K0
R137 G162 B79
5GY 6/6

④
C23 M40 Y3 K0
R201 G164 B200
5P 7/6

⑤
C23 M4 Y52 K0
R208 G221 B144
3GY 8/6

⑥
C41 M5 Y17 K0
R159 G208 B213
5B 8/3

색과 감정 ⑥ 치유받고 싶다

민트 잎과 줄기의 녹색은 치유 효과가 있다고 알려져 있다.

녹색에는 독서에 집중할 수 있는 효과도
있다.

배색 예

기본색의
언어 이미지 예

민트 그린
· 상쾌하다
· 차분하다

프레시그린*
· 조화롭다
· 자연스럽다

페일아쿠아
· 깨끗하다
· 맑다

치유받고 싶을 때 보면 좋은 색은 녹색이다.

녹색은 재생과 탄생의 색으로도 여겨지는 경우가 많고, 마음을 달래주는 색이기도 하다. 가시광선의 가운데에 있는 색이기도 하며 안정감을 주고 마음을 진정시키는 효과가 있다. 스트레스를 완화하고 느긋하게 만들어주는 색이다. 또한 청록이나, 파랑 계열의 색도 마음을 진정시켜 치유해주는 효과가 있다. 식물 등 녹색이 있는 장소에서 마음을 진정시키면 좋다. 진짜 녹색이나 산 사진을 봐도 좋다.

① 민트 그린

식물 민트의 잎과 줄기에서 파생된 녹색이다. 상쾌한 이미지를 만든다.

② 프레시그린*

신록을 표현한 발랄한 녹색. 생명력이 넘치는 녹색.

③ 터키석 그린

터키석에서 녹색만을 가진 색상. 스트레스 해소 효과가 있다.

④ 페일아쿠아

물을 표현한 색으로 옅은 청록색. 물의 치료 효과를 연상시킨다.

⑤ 물망초색

물망초꽃의 색. 연한 파란색이 마음을 치유해준다.

⑥ 청금석

귀중한 광물의 하나. 이집트에서는 장식에 사용하고 있다.

분홍색. 연한 주황색. 갈색 계열의 색상도 치료 효과가 있다.

색의 수치

①
C64 M0 Y58 K0
R88 G186 B135
5G 7/8

②
C77 M9 Y93 K0
R25 G160 B69
2G 5/9

③
C73 M4 Y52 K0
R25 G173 B141
2BG 7/8

④
C30 M0 Y10 K0
R182 G225 B232
10BG 9/2

⑤
C52 M25 Y0 K0
R130 G169 B218
5PB 6/5

⑥
C90 M70 Y0 K0
R28 G80 B161
5PB 3/12

  내향적인 사람이 치유받고 싶을 때

녹색 말고도 파란색 계열의 색상도 치료 효과가 있습니다. 단, 내향적인 사람이 파란색을 보면 왠지 모르게 불안감을 느낄 수 있답니다. 그럴 때는 살색과 분홍색을 사용해봐요.

색과 감정 ⑦

진정하고 싶다

냉정해지고 싶을 때는 하늘을 바라보고 파란색을 보면서 잠시 심호흡을 하면 좋다.

냉정해지고 싶을 때는 진한 파란색 계열의 옷을 추천한다.

배색 예

기본색의
언어 이미지 예

어두운 남색
·안정적이다
·차분하다

감색*
·쾌청하다
·자연스럽다
(바다, 하늘)

새파란 하늘색(셀루리언블루)
·상쾌하다
·냉정하다

이성적인 감정을 만들고 싶다면 파란색을 기조로 한 색이 기본으로 활용한다. 차가운 인상으로 보이지 않도록 어두운색을 넣어 차분한 이미지를 만드는 것이 포인트이다. 파란색은 전체적으로 보라색에 치우치지 않도록 하자. 보라색에 치우치면 감정이 불안정해질 수도 있다. 어두운 남색이나 감색 등 짙은 색과 조화를 이루는 것이 좋다. 마음이 초조할 때 옷이나 소지품에 사용하면 이성적인 감정을 되찾을 수 있다.

① 어두운 남색

쪽빛 중에서도 여러 번
염색을 반복해서 만드
는 색.

② 캄블루*

냉정함과 온화함을 유
도하는 파랑.

③ 네이비블루

영국 해군의 제복에 쓰
이는 짙은 색. 고귀하고
장엄하게 냉정함을 유
지하게 한다.

④ 감색*

맑은 날의 낮 하늘에 보
이는 색. 마음을 진정시
켜주는 파란색.

⑤ 새파란 하늘색
(셀루리언블루)

그림을 그릴 때 하늘색
의 표현에 사용되는 색.
어원은 라틴어의 하늘.

⑥ 청녹색을
띤 회색

침착하고 냉정하게 한
다.

파란색 계열의 색은 마음을 진정하
는 효과를 기대할 수 있지만 지나치
게 보라색에 치우지지 않는 것이 마
음의 안정을 유도하는 데 효과적이
다. 밝은색에는 특히 주의해야 한다.

POINT 냉정하게 만드는 색의 개인차

파란색 계열의 색도 어느 정도의 밝기가 냉정하
게 하는지는 개인차가 있을 것 같아요. 원래 내
성적인 성격의 사람은 의식적으로 조금 밝은색을
사용하면 좋답니다.

색의 수치

①
C88 M82 Y52 K20
R47 G57 B87
5PB 3/6

②
C81 M41 Y21 K0
R21 G124 B167
1PB 5/8

③
C100 M96 Y45 K9
R25 G44 B93
7PB 2/7

④
C74 M24 Y8 K0
R38 G151 B203
2PB 6/9

⑤
C95 M30 Y21 K0
R0 G131 B177
10B 5/8

⑥
C94 M49 Y52 K0
R0 G108 B118
9BG 4/8

색과 감정 ⑧ 　창작 활동을 하고 싶다

파란색은 창작 활동을 자극하는 색이다. 아이디어가 막히면 파란색을 보면 좋다.

자신이 더 자극을 받을 수 있는 파란색의
종류를 찾아보자.

배색 예

기본색의
언어 이미지 예

마티스블루
· 집중력이 있다
· 적극적이다

호라이즌블루
· 로맨틱하다
· 깨끗하다

연보라
· 개성적이다
· 환상적이다

　창작 활동을 마주할 때는 파란색을 사용하자. 파랑은 창작 능력을 높이는 색이다. 머릿속이 차분히 가라앉아 냉정하고 창조적인 감각이 높아진다. 파란색 계열은 화가의 이름이 붙은 색상이 여럿 있다. 동시에 편안함을 주는 색과 함께 보면 효과적이다. 이외에도 보라색과 분홍색 등의 색도 창작 활동에 도움이 된다. 실제로 파란색은 창작 활동뿐만 아니라 푸른 인테리어나 패브릭 등을 활용하면 좋다.

① 모네블루

인상주의를 대표하는 화가 모네가 즐겨 사용한 파란색. 하늘과 연못색에 사용한다.

② 마티스블루

20세기를 대표하는 화가의 이름에서 유래. 색채의 마술사라고도 불린다.

③ 호라이즌블루

하늘을 나타내는 색의 하나. 지평선에 접하는 하늘의 색을 나타낸 옅은 파란색.

④ 연보라

등나무보다 밝은 보라색. 창작 감성을 자극한다.

⑤ 샤갈 바이올렛

색채의 시인이라고 불린 샤갈이 사용한 보라색. 약간 푸른빛에 가까운 보라색.

⑥ 스위트 로즈

달콤한 부드러운 장미의 색상. 마음을 재정비하고 창작 활동에 전념하게 한다.

노란색과 연두색의 밝기에 자극을 받아 창작 활동에 열의를 느끼는 사람도 있다.

색의 수치

①
C69 M32 Y0 K0
R77 G145 B206
5PB 5/11

②
C97 M55 Y0 K0
R0 G99 B177
3PB 4/12

③
C40 M0 Y8 K0
R159 G215 B233
7.5B 7/4

④
C35 M25 Y0 K0
R176 G184 B221
10PB 7/7

⑤
C53 M61 Y0 K0
R137 G108 B173
2.5P 6/12

⑥
C0 M40 Y5 K0
R243 G179 B201
5RP 8/7

POINT 밝기에 주목

창작 활동을 자극하는 것은 물론 파란색이지요. 다만 감성이 풍부한 예술가 기질이 있는 사람은 파란색보다 보라색에서 자극을 받을 수도 있어요. 특히 밝기에 주목해보세요. 밝기는 낮은 색보다 높은 색이 좋을 거예요.

색과 감정 ⑨

신뢰받고 싶다

직무상 법정에 서는 법조 관계자는 검은색 옷을 착용하도록 정해져 있다.

감색이나 짙은 파란색 옷은 신뢰감을 높여
준다.

배색 예

**기본색의
언어 이미지 예**

감색
· 침착하다
· 신뢰가 간다

법복색
· 위엄이 있다
· 성실하다

리라이어블 그린*
· 안심할 수 있다
· 안전하다

　신뢰감과 같은 감정을 만드는 것은 파란색 계열의 색상 진한 파란색이
나 감색 같은 색이 중심이다. 또한 검은색과 흰색 같은 무채색도 신뢰감
을 줄 수 있는 색상이다. 아무것도 물들어 있지 않고, 염색되지 않은 이미
지를 받는다. 또한 녹색은 마음에 평온함과 안정감을 가져다주며, 신뢰의
감정을 상기하게 만드는 색이기도 하다. 녹색은 변호사 사무실의 로고나
병원의 진찰실 인테리어 등에 활용되고 있다.

① 짙은 감색

감색을 더욱 어둡게 염색한 쪽빛을 짙은 감색이라고 한다. 검정에 가까운 파란색 전반을 가리킨다.

② 감색

쪽빛 중에서도 어두운 색. 옛날부터 많은 사람들에게 사랑받아온 색이다.

③ 법복색

판사가 착용하는 검은색. 어떤 색에도 물들지 않는 신뢰감을 상징한다.

④ 결백*

순결과 순백의 이미지를 가진 흰색. 깨끗하고 신뢰감을 준다.

⑤ 리라이어블 그린*

변호사 사무실 등 신뢰감을 요구하는 장소에서 사용되는 녹색이다.

⑥ 에버그린

반영구적으로 색이 변하지 않는 상록수인 소나무를 표현하는 녹색이다.

신뢰감은 명도와 채도가 낮은 색이 기본이지만, 흰색의 깨끗하고 성실한 이미지와 녹색의 안심과 안전이라는 이미지도 신뢰감으로 이어진다.

①
C100 M90 Y38 K50
R0 G26 B69
7.5PB 2/4

②
C80 M60 Y0 K50
R33 G58 B112
6PB 3/4

③
C0 M0 Y0 K100
R35 G24 B21
N1

④
C0 M0 Y1 K0
R255 G255 B253
N9.5

⑤
C82 M0 Y80 K0
R0 G166 B96
3G 5/9

⑥
C80 M44 Y97 K6
R57 G116 B57
5GY 4/6

추구하는 신뢰감의 용도는?

같은 '신뢰감'이라도 감색이나 검은색은 무엇에도 물들지 않는 강인함에서 오는 신뢰감. 녹색은 마음을 열게 만드는 신뢰감. 용도에 따라 구분해서 사용해보세요.

색과 감정 ⑩

스트레스를 안 받고 싶다

철을 연상시키는 검은색은 강한 이미지를 만든다.

무시
무시

흰색과 검은색의 대비로 방어 능력을 높인다.

배색 예

기본색의
언어 이미지 예

철흑
· 철벽 방어로 지킨다
· 엄격하다

티타늄 화이트
· 감추다
· 강하다

크롬 옐로
· 밝다
· 눈부시다

스트레스로부터 자신을 보호하고 싶을 때는 검은색이나 짙은 회색을 사용하자. 또한 유채색 중에서는 주황색, 노란색 계열의 선명한 색도 강한 색이어서 스트레스를 튕겨내는 효과를 기대할 수 있다. 검은색은 다른 색을 강조하는 효과도 있으므로, 유채색과 함께 사용해도 효과적이다. 회의에서 사람들로부터 공격받을 가능성이 있다면 검은색이나 회색 옷을 추천한다. 강한 감정을 갖고 싶을 때는 따뜻한 색을 늘리고(38페이지), 더욱더 수비 태세로 돌아서고 싶을 때는 검은색을 많이 사용한다.

① 철흑

철 화합물의 검정을 나타낸다. 철의 강한 이미지가 마음을 지켜준다.

② 건메탈(암회색)

구리 합금의 색. 무기의 포신에 사용되었다. 보라색을 띤 검은색.

③ 차콜 그레이

차콜은 숯을 말한다. 회색 중에서도 검은색에 가까운 회색의 대표 색이다.

④ 티타늄 화이트

티타늄을 이용한 흰색. 이 그림 도구는 강한 은폐력과 착색력을 갖고 있다.

⑤ 크롬 옐로

크롬에서 만들어진 화려하고 강력한 노란색.

⑥ 황단색

살짝 붉은빛이 도는 주황색.

①
C0 M20 Y20 K98
R39 G18 B10
N1.5

②
C72 M80 Y50 K60
R50 G30 B51
5RP 2/2

③
C5 M15 Y0 K85
R72 G64 B68
5P 3/1

④
C0 M0 Y0 K1
R254 B254 G254
N9.5

⑤
C0 M20 Y96 K0
R252 G208 B0
3Y 8/12

⑥
C0 M65 Y70 K0
R237 G120 B72
10R 6/12

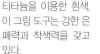

흰색은 어떤 색과 조합하느냐에 따라 부드러워지기도, 강해지기도 하는 색. 검은색과 함께 사용하면 모노톤의 힘을 만든다. 흰색을 적게 사용해야 검은색의 힘이 돋보이며 효과적이다.

 치유와 휴식의 색을 구분해야

이러한 색은 스트레스로부터 여러분을 지켜주는 색입니다. 그러나 스트레스에 지면 자신에게도 지기 때문에 그럴 때는 치유의 색상과 편안한 색상을 접하도록 해요.

색의 기호는 성격을 투영한다

◉ 색은 성격에도 영향을 미친다

특정 심리 상태나 사고회로에 의해서 사람은 특정 색상을 추구하는 경향이 있기 때문에 좋아하는 색을 알면 어떤 성격 경향인지 추측할 수 있다. 좋아하는 색과 성격 사이에는 강한 상관관계가 있다. 예를 들어 분홍색을 좋아하는 사람은 섬세하고 부드러운 성격 경향이 있다고 할 수 있다.

왜 이런 일이 일어나는가 하면, 색에서 느껴지는 심리적 이미지와 그 사람의 마음속에 있는 성격 경향이 일치해서 편안하게 느껴지는 것이 주요 이유 중 하나이다. 분홍색이라면 섬세하고 부드러운 이미지와 성격 안에 있는 부드럽고 섬세한 성격 경향이 일치해서 편안함을 느껴 색의 기호로 표현되는 거라고 생각한다.

또한 색은 성격에까지 영향을 미쳐 특정 색상을 보면 성격에도 작은 변화가 생긴다. 분홍색을 보면 부드럽고 섬세한 성격으로 변화한다. 이것은 전 세계에서 과학적으로 연구되고 있다. 성격은 색의 기호로 표현되며 색은 성격에 영향을 미친다.

◉ 여러 색을 좋아하는 사람의 성격

여러 색을 좋아하는 사람은 여러 색의 영향을 받고 있다고도 할 수 있다. 분홍색과 보라색을 좋아하는 사람은 분홍색에서 섬세하고 부드러운 영향을 강하게 받고, 다음으로 적자색의 심리 이미지인 직관적이고 행동적인 영향을 받는다. 섬세하고 부드러운 성격에 직관적이고 행동적인 부분을 겸비한 성격이라고 할 수 있다.

색과 성격의 관계

분홍색 이미지
· 섬세하다
· 부드럽다

분홍색을 좋아하는 성격
· 섬세하다
· 부드럽다

색이 가지는 심리 이미지와 마음속에 있는 성격 경향과 일치한다.
그로 인한 편안함은 좋아하는 색으로 나타나기 쉽다.

적자색 이미지
· 직감적이다
· 행동적이다
· 승인 욕구

적자색을 좋아하는 성격
· 직감적이다
· 행동적이다
· 승인 욕구

성격의 영향으로 특정 색을 추구하고, 또한 그
색을 몸에 지님으로써 성격이 영향을 받는다.

POINT 일관성과 독창성

성격이라는 것은 그 사람의 생각 경향이나 행동 경향을 말합니다.
일관성과 독창성이 있어요. 일관성은 항상 같은 생각과 행동을 하는
것. 독창성은 같은 상황에서도 반응은 사람마다 제각각이라는 것을
의미해요.

빨강, 연분홍과 진분홍

⊙ 빨간색을 좋아하는 사람의 성격

빨간색을 좋아하는 사람은 활동적이고 행동력이 있고 정의감이 강하다. 자신의 감정을 적극적으로 표현하며 사교적인 성격으로 인간관계도 양호하다. 빨간색은 사랑의 색이기도 하며 무의식적으로 애정을 추구하는 사람, 애정을 베풀 줄 아는 사람이기도 하다. 빨간색을 좋아하지만 그렇게까지 행동적이지 않은 사람은 빨간색을 동경하는 유형일지도 모른다. 빨간색을 동경하는 사람은 적극적인 행동가를 추구하여 빨간색의 성격 경향에 가까워지려고 노력한다.

⊙ 밝은 분홍색을 좋아하는 사람의 성격

밝은 분홍색을 좋아하는 사람은 상냥하고 온화한 성격, 부드러운 평화주의자이다. 섬세하고 상처받기 쉬운 공상가의 일면이 있다. 호기심이 왕성해서 다양한 것에 관심이 있다. 여성은 행복한 결혼을 꿈꾸는가 하면 남성은 응석 부리고 싶은 성격의 사람이 있다. 인간관계는 잘 해내지만 적극적이지는 않다. 상대방이 내뱉는 한마디에 신경 쓰고 상처를 받는 일도 많다.

⊙ 진한 분홍색을 좋아하는 사람의 성격

진한 분홍색을 좋아하는 사람은 지적 교양도가 높고 머리가 좋다. 빨간색을 좋아하는 사람에 가까운 행동적인 사람도 있다. 변덕스럽고 감정적인 부분이 있어 전략적으로 행동하기도 한다. 다른 사람에게 섬세하게 보여 소중히 대해주기를 바란다. 주목받고 싶은 마음이 강해서 타인의 눈을 의식하고 행동하는 경향이 있다. 인간관계는 실수 없이 해낸다.

좋아하는 색과 성격

빨간색을 좋아하는 사람의 성격

· 행동적이고 자신의 감정을 거침없이 표현한다
· 정의감이 강하고 사교적인 성격이다
· 빨간색을 동경해서 행동가가 되고 싶어 한다
· 기본적으로 사람을 좋아해서 인간관계는 양호하다

(밝은) 분홍색을 좋아하는 사람의 성격

· 부드럽고 온화한 성격이다
· 쉽게 상처받는 섬세한 성격이다
· 공상적인 것을 좋아하는 사람도 있다
· 인간관계는 한발 물러선다. 상처를 입기도 많다

(진한) 분홍색을 좋아하는 사람의 성격

· 지적 교양도가 높다
· 활동적인 일면도 있다
· 여성스러움을 어필하기도 한다
· 인간관계는 실수 없이 해낸다

오렌지, 노랑, 연두

◉ 오렌지색을 좋아하는 사람의 성격

오렌지색을 좋아하는 사람은 활동적이고 명랑하다. 활기찬 사람이 선호하는 색이다. 경쟁심이 강해서 지기 싫어하는 일면도 있다. 희로애락의 기복이 심한 감정적인 사람도 있다. 사교적이고 사람을 좋아해 동료를 소중히 하기 때문에 주위에 사람들이 모여든다. 일단 결정한 일을 관철하려고 하는 행동력과 남들에게 사랑받는 친근한 인간성이 매력이다. 자리의 살리려고 무리하는 경향이 있다.

◉ 노란색을 좋아하는 사람의 성격

노란색을 좋아하는 사람은 새것이나 색다른 것을 좋아하는 독특한 성격의 사람이다. 지적이고 상승 지향이 강한 사람이 선호하는 색이다. 개성적이고 독특하며 남들과 다른 발상으로 이야기를 재미있게 이끌어 주위 사람들이 주목하는 그룹의 중심인물이다. 다른 사람으로부터 사랑받기 때문에 인간관계는 양호한 편이다. 다만 이해를 얻지 못해 다소 소외될 수 있는 점을 경계해야 한다.

◉ 연두색을 좋아하는 사람의 성격

연두색을 좋아하는 사람은 노란색을 좋아하는 사람보다 창조적이고 상냥하다. 관찰력과 통찰력이 우수하고 개성적인 사람이 많으며 스스로도 개성적이고 싶어 하는 사람이 많다. 또한 창조적인 일을 하는 사람들이 선호하는 경향이 있다. 다른 사람을 관찰하고 분석하는 성향이 있어 인간관계를 교묘하게 조정할 수 있으나 애초부터 사람을 좋아하는 것은 아닌 것 같다.

좋아하는 색과 성격

오렌지색을 좋아하는 사람의 성격

· 건강하고 명랑하다
· 경쟁심이 강해서 지기 싫어한다
· 사교적이고 동료 의식이 강하다
· 다양한 사람과 사이좋게 지낸다

노란색을 좋아하는 사람의 성격

· 유머 감각이 있는 독특한 성격이다
· 새로운 것을 좋아한다
· 개성적인 발상의 소유자이다
· 그룹의 중심인물이다

연두색을 좋아하는 사람의 성격

· 창의적인 것을 좋아한다
· 개성적이고, 스스로 개성적인 사람이 되려고 한다
· 관찰력과 통찰력이 뛰어나다
· 사람을 관찰하는 경향이 있고 다른 사람의 시선을 신경 쓴다

녹색, 청록, 파랑(시안)

◉ 녹색을 좋아하는 사람의 성격

녹색을 좋아하는 사람은 사회성이 있고 성실하다. 평화주의자이고 사람과 언쟁하는 것을 좋아하지 않는다. 단순히 누군가에 맞추는 것이 아니라, 마음에 강한 신념을 갖고 그에 따라 행동한다. 자연물을 좋아하는 사람도 많고, 초록에 둘러싸여 살고 싶어 하는 사람도 많이 있다. 도시에서 살고 있는 많은 사람들의 대부분은 평화와 자연을 갈망하고 있어 그 욕구가 녹색 사랑으로 표현되는 사람도 있다. 예의가 바르고 앞뒤 없는 성격이다.

◉ 청록색을 좋아하는 사람의 성격

청록색을 좋아하는 사람은 세련되고 겸손하며 쿨하다. 지나치게 희로애락의 감정을 드러내지 않고 자신의 주장을 내세우지 않는다. 감성이 풍부하며 남들과는 다른 것에 관심이 있다. 청록색은 바다와 하늘을 나타내는 환경색이며, 청록이나 파랑을 접하는 야외활동을 좋아하는 사람도 있다. 인간관계에서는 사귀기 힘든 사람으로 비칠 수도 있다.

◉ 파란색(시안)을 좋아하는 사람의 성격

시안과 같은 선명한 파란색을 좋아하는 사람은 자신을 표현하는 것이 뛰어나며 자립심이 강하다. 파란색을 좋아하는 사람은 협조성이 있고, 규율을 지키는 예의 바른 유형이다. 시안과 같은 밝은 파란색을 좋아하는 사람은 협조성을 지키면서도 자신의 의견도 적극적으로 피력할 수 있다. 배려하는 마음이 있고 교제가 서툴러도 남들과는 확실히 관계를 만들 수 있다.

좋아하는 색과 성격

녹색을 좋아하는 사람의 성격

· 조화를 도모하는 평화주의자
· 온화함과 신념의 힘을 갖고 있다
· 사람은 그다지 좋아하지 않지만 예의 바르고 앞뒤가 없다

청록색을 좋아하는 사람의 성격

· 희로애락의 감정을 겉으로 드러내지 않는다
· 소극적인 성격으로 조심스러워한다
· 야외활동을 좋아하는 사람도 있다
· 조금 접근하기 힘들다고 여겨질 수도 있다

파란색(시안)을 좋아하는 사람의 성격

· 협조성을 중요하게 여기면서도 자신의 의견을 말할 수 있다
· 부드럽고 애정이 깊다
· 자신을 잘 표현할 줄 안다
· 남들고 언쟁(경쟁)하는 것이 조금 서툴다

좋아하는 색과 성격 ④　　**파랑(울트라마린), 하늘색, 감색**

⊙ 파란색(울트라마린)을 좋아하는 사람의 성격

파란색 중에서도 울트라마린 같은 깊고 선명한 파란색을 좋아하는 사람은 조화와 협력을 중요하게 여긴다. 싸움을 좋아하지 않고 자신보다는 타인에게 맞춘다. 새로운 도전에 대한 위험을 높게 설정하는 경향이 있고 보수적인 생각을 가진 사람도 적지 않다. 돌발적으로 행동하지 않고 계획적으로 일을 진행한다. 지적이므로 조정하는 일에 잘 어울린다.

⊙ 하늘색을 좋아하는 사람의 성격

하늘색을 좋아하는 사람은 창작이나 표현하는 것을 좋아하는 성향이 있다. 감성이 뛰어나지만 감각에 지배되는 것이 아닌 논리적으로 표현하는 능력이 뛰어나다. 옅은 색상이므로 다른 색의 영향을 받기 쉽고, 다른 어떤 색깔을 좋아하는지에 따라 영향을 받는다. 흰색이나 분홍색과 조합하면 부드럽게 표현하는 능력이 향상되고 보라색과 조합하면 감각적이고 창의적인 성격이 더해진다.

⊙ 감색을 좋아하는 사람의 성격

감색과 같은 파란색 계열의 짙은 색을 좋아하는 사람은 뛰어난 판단력과 지혜를 가지고 있다. 지식욕이 높아 학구열이 강한 편이다. 권위를 선호하다 보니 책임을 지는 일에 보람을 느낄 것이다. 어떤 이유에서 감색을 추구하나 하면, 감색이 가진 안정을 찾는 것일 수 있다. 자각하지는 못할 수 있지만, 강한 어투로 말해서 잘난 체 하는 인상을 주지 않도록 주의하는 것이 좋다.

좋아하는 색과 성격

파란색(울트라마린)을 좋아하는 사람의 성격

· 전체의 조화와 협조를 소중히 한다
· 보수적인 성향이 있다
· 계획을 존중하고, 충동적으로 행동하지 않는다
· 자신의 의견보다는 남의 의견을 존중하는 경향이 있다

하늘색을 좋아하는 사람의 성격

· 도구를 사용한 창작하는 일에 뛰어나다
· 문제를 분석하고 논리적으로 짜 맞춘다
· 자신의 감정을 자유롭게 표현하다
· 무익한 싸움을 회피하고 인간관계를 구축한다

감색을 좋아하는 사람의 성격

· 판단력과 지혜가 있다
· 감정은 안정적이다
· 권위를 추구하고 책임 있는 일에 종사한다
· 잘난 척한다는 말을 듣는 일이 있다

보라, 적자, 연보라

◉ 보라색을 좋아하는 사람의 성격

보라색은 파란색과 빨간색을 섞어 만드는 색이다. 따라서 보라색을 좋아하는 사람은 파란색의 냉정하고 내향적인 부분과 빨간색의 정열적이고 행동적인 부분을 겸비하고 있다. 남들과 같은 일을 하는 것을 싫어하는 아티스트와 같은 성격을 가진 사람들이 많다. 남들로부터 이해받지 못하는 탓에 인간관계로 힘들어하는 사람이 많다. 감각적인 부분이 뛰어나고 차분히 가만히 있는가 싶더니 뜬금없는 말을 꺼내기도 한다. 조금 요령이 없지만, 그것이 오히려 매력으로 다가오기도 한다.

◉ 적자색을 좋아하는 사람의 성격

보라색을 좋아하는 사람은 보라색의 직관인인 성향과 빨간색의 행동적인 성향을 겸비하고 있다. 보라색 중에서도 파란색에 치우친 색을 좋아하는 사람은 내향적, 빨간색에 치우친 색을 좋아하는 사람은 행동적인 성향이 있다. 자존감이 낮은 사람도 있고, 그런 사람은 남들에게 칭찬받고 싶은 마음에 잘 보이려고 애쓴다. 진한 분홍색과 비슷한 성격 경향도 있다.

◉ 연보라색을 좋아하는 사람의 성격

연보라색은 보라색을 희석한 색이며, 보라색의 성격을 부드럽게 완화한 이미지이다. 보라색의 창조적인 감성을 지닌 채 섬세함을 겸비한 성격이다. 연한 분홍색과 비슷해서 부드러운 성격도 있지만, 분홍색을 좋아하는 사람보다 창조적인 요소가 있다. 낯가림을 하는 사람이 많지만, 사람을 싫어하지는 않는다.

좋아하는 색과 성격

보라색을 좋아하는 사람의 성격

· 남들과 같은 일을 하는 것을 싫어한다
· 감각적인 판단을 하는 경우가 많다
· 냉정한 성향과 열정적인 성향을 모두 갖고 있다
· 다른 사람들로부터 이해를 받지 못한다

적자색을 좋아하는 사람의 성격

· 직감력을 소중히 하고 행동력도 있다
· 자신을 잘 보이고 싶은 마음이 있다
· 사교적인 반면 경계심이 강한 성향도 있다
· 인간관계는 잘하지만, 조금 교제하기 어려운 부분도 있다

연보라색을 좋아하는 사람의 성격

· 감성이 풍부하고 창조적이다
· 상냥하고 섬세하다
· 다른 사람으로부터 소중하게 여겨지고 사랑받는다
· 낯을 가리지만, 사람을 싫어하지는 않는다

하양, 검정, 회색

⦿ 흰색을 좋아하는 사람의 성격

흰색을 좋아하는 사람은 높은 이상을 갖고 있고, 그것을 금욕적으로 실현해간다. 한마디로 노력가이고 완벽주의자라고 할 수 있다. 흰색은 다른 색을 돋보이게 하는 색으로, 다른 색과 함께 사용하면 성격 면에서도 다른 색을 강조할 수 있다. 분홍색과 조합하면 부드러움과 섬세함이 더욱더 두드러진다. 빨간색과 결합하면 보다 강한 힘과 이상가로서 금욕이 두드러지는 경향도 있다. 또한 흰색을 동경한 나머지 흰색의 효과를 흡수하려는 유형의 사람도 있다.

⦿ 검은색을 좋아하는 사람의 성격

검은색을 좋아하는 사람은 총명하고 발언력이 있으며 세련되고 우아한 일상을 보내고 싶어 한다. 사람을 움직이는 자질도 뛰어나다. 그러나 많은 사람들은 검은색을 좋아한다기보다는 검은색을 동경하는 경우가 많아 실패하고 싶지 않은 마음에서 검은색을 추구하는 경우도 있다. 특히 검은색 옷만 입고 있는 사람은 후자일 가능성이 높다.

⦿ 회색을 좋아하는 사람의 성격

회색을 좋아하는 사람은 조심성이 많고 신중하며 겸손하다. 우유부단한 성향이 있어 무슨 일이든 쉽게 결정하지 못한다. 자신이 앞에 나서기보다 누군가에게 도움이 되기를 바란다. 다른 사람과는 가능한 한 엮이고 싶어하지 않는다. 옅은 회색은 더 섬세한 성향이 있고, 짙은 회색은 검은색에 가까운 성격 경향이 있다.

좋아하는 색과 성격

흰색을 좋아하는 사람의 성격

· 노력가로 완벽주의자 성향이 있다
· 남들에게도 자신에게도 엄격하다
· 미의식이 높은 사람도 많다
· 흰색의 힘을 동경할 뿐 노력가가 아닌 사람도 있다

검은색을 좋아하는 사람의 성격

· 발언력이 있고, 사람을 움직이는 자질이 있다
· 남에게 자신의 마음을 들키는 것을 극도로 싫어한다
· 실패할 수 없다는 불안감 때문에 검은색에 의존하는 사람도 있다
· 남의 눈을 의식하고 평가받고 싶어 하지 않는다

회색을 좋아하는 사람의 성격

· 소극적이고 분별력이 있다
· 매사 쉽게 결정하지 못하는 우유부단한 성격이다
· 불안한 경향이 있다
· 인간관계가 원만하지 않아 사람을 피하는 성향이 있다

좋아하는 색과 성격 ⑦ 갈색, 금색, 은색

◉ 갈색을 좋아하는 사람의 성격

갈색을 좋아하는 사람은 말수가 적고 수줍음을 탄다. 넓은 마음을 갖고 있고, 남을 돕는 것을 아끼지 않는다. 책임감도 강하고 포용력이 있어 의지할 수 있는 존재이다. 너글너글하고 상냥하며, 자연 환경에서 일을 하는 사람도 있다. 그래서인지 정신적으로도 안정된 경향이 강하고, 다른 사람이 싫어하는 일을 솔선해서 하기 때문에 덕망이 두터운 사람이 많다.

◉ 금색을 좋아하는 사람의 성격

금색을 좋아하는 사람은 큰 꿈과 그것을 실현해가는 활력이 있다. 이상이 높고 삶을 철저히(제대로) 만끽한다. 돈과 권력에 대한 집착이 강하며, 개중에 자신은 운이 좋다고 생각하고 아름다움과 쾌락에 아낌없이 돈을 사용한다. 다소 오만한 사람도 있다. 인간관계에서는 너그럽고 시원스러우며 남을 잘 돌봐줘 많은 사람들에게 존경받는다.

◉ 은색을 좋아하는 사람의 성격

은색을 좋아하는 사람은 로맨티스트에 이상이 높고, 아름다움에 깊은 관심을 나타낸다. 승인 욕구가 강하고 자신의 아름다움을 인정받고 싶어 한다. 자신에게 가치가 있다고 생각하는 자신감을 갖고 있다. 금색을 좋아하는 사람은 재산이 성공이라고 생각하는 반면, 은색을 좋아하는 사람은 아름다움과 영적 충실을 추구하는 성향이 있는 것 같다. 나서지 않고 한발 뒤에서 빛나고 싶어 한다.

좋아하는 색과 성격

갈색을 좋아하는 사람의 성격

· 과묵하고 점잖다
· 다른 사람을 돕는 상냥함이 있다
· 자연 환경을 선호한다
· 책임감이 강하고 덕망도 두텁다

금색을 좋아하는 사람의 성격

· 큰 꿈을 가지고 실현해가는 힘이 있다
· 인생을 만끽하는 데 노력을 아끼지 않는다
· 운이 좋고 나쁜 것에 민감하고, 특히 금전운을 신경 쓴다
· 남을 잘 돌봐줘 사람들이 모여든다

은색을 좋아하는 사람의 성격

· 로맨티스트에 이상이 높다
· 아름다움에 강한 관심이 있다
· 미와 정신적 충실을 추구한다
· 인간관계에서는 적극적으로 나서지 않는다

※금색과 은색은 반사율을 포함한 요소가 있기 때문에, 엄밀하게는 색만으로는 표현할 수 없다.

싫어하는 색과 성격 싫어하는 색으로 알 수 있는 성격

⊙ 싫어하는 색으로 알 수 있는 성격

싫어하는 색에서도 성격을 추측할 수 있다. 예를 들어 마음속에 있는 콤플렉스는 싫어하는 색으로 나타날 수 있다. 만약 특정 색상을 극도로 싫어하는 경우는 마음 깊은 곳에 있는 심리를 투영하고 있을 가능성이 있다. 또한 싫어하는 색은 개인의 불쾌한 경험과 연결되는 경우가 많고 싫어하는 이유도 제각각 다르다. 싫어하는 색으로 보는 성격 분석은, 좋아하는 색만큼 명확하지는 않다. 여기에서는 싫어하는 색에서 강하게 드러나는 성격과 드러나기 쉬운 색을 소개한다.

◎ 분홍색

예를 들어 기업의 제일선에서 남성과 함께 일을 하는 여성은 분홍색의 부드러움과 약점을 받아들이지 못하고 여성스러운 분홍색을 꺼리는 성향이 있다.

◎ 보라색

영적인 것을 싫어하는 사람은 신비로운 보라색을 받아들이지 않는 성향이 있다. 감각적인 것을 인정하지 못하고 논리적인 생각이 몸에 배어 있는 사람도 보라색을 싫어하는 경향이 있다.

◎ 검은색

검은색이 가진 강한 이미지와 엄격한 이미지를 받아들이지 못하면 검은색을 거부하는 경향이 있다. 질병과 죽음 등에 대해 불안이 있는 경우에도 검은색을 받아들이지 못할 수 있다.

싫어하는 색과 성격

오오 무서워…

코뿔소 군, 제대로 하세요!

특정 색상에 대해 나쁜 기억이 있으면 그 색은 싫어하는 색으로 기억에 남기 쉽다.

검은색이 싫어!

싫어하는 색과 성격

마음속에 있는 성격 경향과 다른 이미지를 싫어하는 경향이 있다.

게다가 색상에 대한 나쁜 기억이 싫어하는 색을 만든다.

좋아하는 색과 성격

색의 이미지와 마음속에 있는 성격 경향이 동일한 경우는 편안하다고 느낀다.

좋아하는 색마다 성격 경향이 쉽게 드러난다.

 **색과 기억**

싫어하는 색은 기억과 결부되기 쉽다고 합니다. 사람은 싫은 기억이 좋은 기억보다 더 굳건히 정착하기 때문에 싫어하는 색은 각자의 나쁜 기억과 연결되는 경우가 많아요.

따뜻하게 느끼는 색과 차갑게 느끼는 색

온도 감각을 바꾼다 ①

◉ 벽의 색에 영향을 받는 종업원

색은 감각에 영향을 미친다. 그 대표적인 것이 온도 감각이다. 빨강이나 오렌지 등의 색을 보면 따뜻한 느낌을 받고, 파랑이나 청록 등의 색을 보면 차가운 느낌이 든다.

색과 온도에 얽힌 이런 이야기가 있다. 런던에 있는 공장의 구내식당에서 종업원으로부터 춥다는 불만이 나왔다. 그런데 에어컨의 온도는 기존과 마찬가지로 21도로 설정되어 있었다. 그래서 실내 온도 설정을 세 차례나 올렸다. 그런데도 그 불만은 줄어들지 않았다.

원인은 밝은 파란색 벽에 있었다. 직원들은 파란색의 영향을 받아 실제 온도보다 춥게 느꼈던 것이다. 그래서 벽을 밝은 파란색에서 주황색으로 다시 칠했더니 직원들의 불만은 이제 덥다는 불만으로 바뀌었다고 한다. 밝은 파란색과 주황색 사이에는 체감 온도로 따지면 3~4도의 차이가 있다고 한다.

◉ 난로 색의 비밀

난로에는 색과 온도에 관한 비밀이 숨겨져 있다. 적외선램프 방식을 사용한 난로가 처음 발매될 당시에는 열원 부분이 흰색이었다고 한다. 때문에 적외선은 가시광선(눈에 보이는 범위)의 바깥에 있어 색깔은 보이지 않는다.

그런데 열원 부분이 흰색인 난로는 소비자에게 따뜻함이 전해지지 않고 좀처럼 매출이 증가하지 않았다. 그래서 열원 부분을 빨간색으로 바꾸어 내놓자 인기 상품이 됐다. 빨간색이 체감적인 따뜻함을 만든 것이다.

색에서 느끼는 온도(사례)

같은 실온에서도 벽의 색에 따라 몸으로 느끼는 온도는 크게 다르다.

열원에 붉은빛이 나도록 하자 체감상
따뜻하게 느껴 인기 상품이 됐다.

처음 발매할 당시에는 난로의 빛은 흰색이
었는데, 소비자로부터 체감상 따뜻하지 않
다는 반응이 많았다.

POINT 온도의 영향

색의 온도 감각에 영향을 주는 것은 빨강, 주황, 노랑과 같은 색상
(色相)이고 다음으로 영향을 주는 것이 색의 선명함인 채도(彩度)
예요. 채도가 높을수록 한난감에 영향을 많이 준답니다.

온도 감각을 바꾼다 ❷

따뜻한 색과 차가운 색

◉ 온도를 느끼는 원리

어떤 이유에서 앞의 페이지에서 소개한 일이 일어났는가 하면, 우리는 항상 이미지의 영향을 받아 판단하기 때문이다. 빨강, 주황은 불이나 태양 등을 연상해서 따뜻한 느낌이 들고, 파랑, 청록 등은 얼음이나 물을 연상해서 차갑게 느낀다. 개개인의 체감에 따라 뇌에 비축된 정보에 큰 영향을 받고 있다고 생각되기 때문에, 사고방식에는 개인차가 있을 수 있다.

'불은 뜨겁다'와 같이 누구나 느끼는 것(이미지화가 높다고 한다)은 공통으로 느끼지만 적자색 등 많은 사람이 공통으로 느끼기 어려운 색도 있다.

촛불의 불꽃은 빨간색이나 주황색을 띠고 있다. 실제로 가열하면 물체는 온도에 따라 색상이 빨강(레드 블랙), 주황, 노랑, 흰색, 청백색으로 변화한다. 가장 고온이 아닌 빨간색을 따뜻하다고 느끼는 것은 경험에서 오는 이미지가 저장되어 있기 때문으로 여겨진다.

◉ 따뜻한 색과 차가운 색

색을 심리적으로 분류할 때 빨강, 주황, 노랑 등의 색은 따뜻함을 느낀다고 해서 난색(暖色)이라고 하고 파랑과 청록 등의 색은 차가움을 느낀다고 해서 한색(寒色)이라고 한다. 난색(따뜻한 색)과 한색(차가운 색)은 색채 심리를 설명하는 데 기초적인 분류이므로 기억하기 바란다. 난색의 명확한 범위는 구분되어 있지 않다. 온도는 느끼는 방식이므로 개인차도 있고 세분화하는 의미가 없다. 점(点)으로 파악하지 않고 효과를 수반하는 범위로 이해하자.

색에서 느끼는 온도(이미지)

빨간색은 따뜻할 것 같아

음료는 컵의 색에 따라서도 온도 감각이 다르다. 빨강, 노랑의 순으로 따뜻하다고 느꼈다.(프랑스 남브르타뉴 대학 2012)

난색(따뜻한 색)

한색(차가운 색)

따뜻해

따뜻해

같은 난색이라도 남성이 더 따뜻하게 느낀다는 연구 결과도 있다.

심리적 색과 온도

낮다   높다

물리적 색과 온도

불꽃은 빨간색보다 청백색 부분의 온도가 높아

P O I N T 중성색과 중간색

색상환에서 따뜻한 색과 차가운 색 사이에 보라색이나 녹색 계열의 색은 한난(寒暖)을 느끼지 않기 때문에 중성색이라고 해요. 비슷한 말로 높은 채도와 낮은 채도에 있는 중간 채도의 색상을 중간색이라고 한답니다.

무게 감각을 바꾼다

무겁게 느껴지는 색과 가볍게 느껴지는 색

⊙ 색의 무게 감각

색은 물건의 무게 감각에도 영향을 미친다. 예를 들어 검은색이나 감색 같은 짙은 색은 무겁게 느껴지고 흰색이나 파스텔톤과 같이 옅고 밝은 색은 가벼운 느낌이 든다. 색과 무게의 관계를 조사한 실험에서는 흰색의 무게를 1이라고 하면 노란색은 약 1.1배, 연두색은 1.3배, 하늘색은 1.5배, 빨간색은 1.7배, 검은색은 1.8배나 무겁게 느껴진다고 한다.

이사 업체에서는 흰색 상자를 많이 사용하는데, 그 이유는 깨끗한 인상을 줄 뿐만 아니라 심리적으로 가볍게 느껴지는 색이기 때문이다. 반대로 금고가 검은색인 것은 눈에 띄지 않는 보안상의 효과도 있지만, 심리적으로 무거운 색을 사용하면 쉽게 들고 달아나지 못할 거라는 심리적 효과를 노리기 위함이다.

재활시설에서 근력 강화 운동에 사용하는 중추 밴드의 색과 피로감의 관계를 조사한 연구가 있다. 밴드의 색은 피로감에 영향을 주지 않지만 무게를 느끼는 데는 차이가 있어, 무게를 느끼지 않게 하는 관점에서는 명도가 높은 것을 사용하는 것이 바람직하다고 한다.

⊙ 색에서 무게를 느끼는 원리

색과 무게의 관계를 연구한 사례는 적어 아직 완전히 해명되지 않은 부분도 많다. 그러나 색과 온도 감각처럼 이미지의 영향을 강하게 받는 것으로 생각된다. 흰색은 눈, 구름, 면 등 가벼운 것을, 검은색은 철과 같은 무거운 물건을 연상해서 그에 대한 선입견의 영향을 강하게 받고 있다.

색에서 느끼는 무게

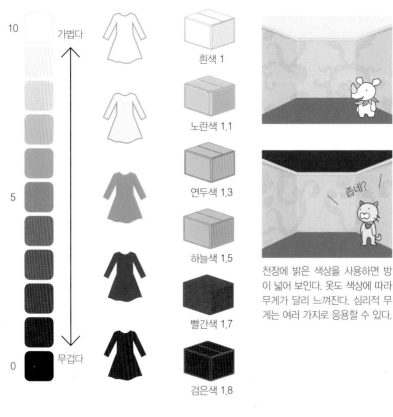

먼셀값	옷의 체감 무게	상자의 체감 무게

10 가볍다

흰색 1

노란색 1.1

연두색 1.3

5

하늘색 1.5

빨간색 1.7

0 무겁다

검은색 1.8

좁네!?

천장에 밝은 색상을 사용하면 방이 넓어 보인다. 옷도 색상에 따라 무게가 달리 느껴진다. 심리적 무게는 여러 가지로 응용할 수 있다.

POINT 무게의 분기점

무게에는 명도가 강하게 영향을 줍니다. 그럼, 무엇을 기준으로 하냐 하면, 표색계에서 말하는 먼셀값의 밝기 5를 기준으로 해서 5보다 낮은 색은 무겁게 느끼고 5보다 높은 색은 가볍게 느끼는 경향이 있지요.

길게 느껴지는 색과
짧게 느껴지는 색

◉ 따뜻한 방에서는 시간이 길게 느껴진다

시간 감각도 색상에 따라 달라진다. 붉은색으로 장식한 방에 있으면 시간이 길게 느껴지는 경향이 있어, 짧은 시간임에도 긴 시간을 보냈다는 착각을 한다. 따뜻한 톤의 색으로 인테리어를 한 레스토랑에서는 실제로 머문 시간보다 길게 느껴지고, 결과적으로 가게의 회전 속도가 올라가 가게도 이용자도 만족할 수 있다.

반대로 차가운 색 계열의 방에서는 시간이 짧게 느껴진다. 단조로운 일을 하는 경우 차가운 색의 방이 적합하다. 주제가 무거운 회의를 짧은 시간에 마치고 싶다면 차가운 색으로 꾸민 회의실을 사용할 것을 권한다.

이 이야기를 응용하여 사람과 약속을 할 때는 따뜻한 분위기의 가게는 피하는 것이 좋다. 대기 시간이 길게 느껴져서 초조해질 수 있다. 사람을 기다리는 것은 휴식할 수 있는 환경과 차가운 색 계열의 장소로 하고, 만나고 나서 따뜻한 느낌의 가게에 가면 색의 효과를 십분 활용할 수 있다.

◉ 컴퓨터 화면의 색상도 주의

또한 장시간 컴퓨터를 마주보고 앉아 작업해야 할 때도 있다. 그럴 때는 컴퓨터 화면의 색상에도 신경을 써보자. 컴퓨터 화면의 색상과 경과 시간의 관계를 조사한 연구에서는 붉은색 화면을 보고 있으면 앉아 있는 시간이 길게 느껴진다는 결과가 있었다. 이것은 성별 차이가 있는데, 특히 남성에게 들어맞는 효과라고 한다(시바사키, 마사타카 교토 대학 2014).

색에서 느끼는 시간

따뜻한 인테리어로 꾸민 실내에서 시간을 길게 느끼는 경향이 있다. 단시간에 느긋하게 보내고 싶을 때 적합하다. 차가운 색 계열의 방은 시간이 짧게 느껴지기 때문에 간단한 작업을 하는 데 적합하다. 그러나 차가운 색은 수면을 유도하는 색이기도 하므로 주의해야 한다.

따뜻한 색

차가운 색

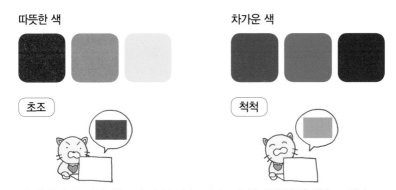

초조

척척

따뜻한 색의 컴퓨터 화면을 보면 시간이 길게 느껴지고 차가운 색의 화면은 짧게 느껴진다.

P O I N T 색채 심리와 옛날이야기

우라시마 타로*는 거북이를 도와 용궁성으로 가서 시간이 지나는 것도 잊은 채 즐거운 나날을 보냈습니다. 육지로 돌아와 보니 생각보다 시간이 많이 경과했다는 이 이야기는 깊은 바다의 푸른 세계에서 지냈기 때문에, 시간 감각이 변질됐을지도 모를 일이지요. *우라시마 타로(浦島太郎) : 일본의 용궁 설화에 나오는 주인공

위치 감각을 바꾼다

멀게 느껴지는 색과 가깝게 느껴지는 색

◉ 진출색과 후퇴색

실제 위치보다 가까이 보이거나 반대로 멀리 보이는 색이 있다. 가까이에 있는 것처럼 보이는 색은 진출색이라고 하고 빨강, 주황, 노랑 등 따뜻한 색에 채도가 높은 색이다. 멀리 보이는 색은 후퇴색이라고 하고 파랑, 감색 등 차가운 색에 채도가 낮은 색이다.

간판이나 표지판에 빨간색이 사용되는 것은 진출 효과를 노리기 위함이다. 특히 빨간색의 진출도는 다른 따뜻한 색에 비해서도 높다는 실험 결과도 있다. 조명이나 배경에 따라서도 다르겠지만 대체로 따뜻한 색에는 진출 효과가 있고, 차가운 색에는 후퇴 효과가 있다. 그러나 최근의 연구에서는 따뜻한 색은 진출색, 차가운 색은 후퇴색이라고 단정할 수만은 없다는 사실이 밝혀졌다.

진출색과 후퇴색을 잘 사용하면 방을 넓게 보이게 할 수도 있다. 큰 커튼이 있는 방은 진출색의 커튼을 사용하는 것보다 후퇴색의 커튼을 사용하는 편이 넓게 느껴진다.

◉ 색이 앞으로 나와 보이는 원리

빨강이 진출색이라고 해서 모든 사람에게 튀어나와 보이는 단순한 원리는 아니라고 생각되고 있다. 빨간색과 파란색의 진출·후퇴 효과를 반대로 느끼는 사람도 일부 있다.

빨간색과 파란색은 눈 안에서 결상하는 상(像)의 위치가 다르고 이로 인해 다르게 보인다는 설이 있다. 또 다른 연구에서는 양안 입체시에 관계하고 있다는 연구도 있어, 두 눈을 뜨고 두 눈으로 보는(양안시, 兩眼視) 사람보다 그렇지 않은 사람은 효과가 약한 것으로 간주된다.

위치 감각을 바꾼다

가까워!

진출색(따뜻한 색·채도가 높다)

머네~

후퇴색(차가운 색·채도가 낮다)

따뜻한 색은 실제 위치보다 가까워 보이고 차가운 색은 멀리 보이는 경향이 있다.

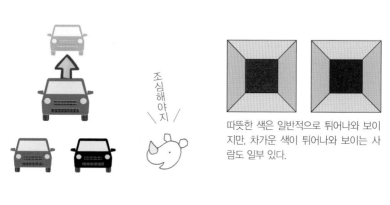

조심해야지

따뜻한 색은 일반적으로 튀어나와 보이지만, 차가운 색이 튀어나와 보이는 사람도 일부 있다.

P O I N T **교차로에서 주의해야 할 차량 색**

교차로에서 순간의 판단 미스는 사고로 이어질 수 있습니다. 파랑, 검정, 회색 같은 색의 자동차는 후퇴색이기 때문에 보이는 위치보다 앞쪽에 있을 가능성이 높답니다. 괜찮겠지 생각하고 방심하면 안되겠지요.

크게 느껴지는 색과 작게 느껴지는 색

크기 감각을 바꾼다

◉ 팽창색과 수축색

색상에 따라 크기의 개념도 달라진다. 따뜻한 밝은색(파스텔톤 등) 또는 흰색은 팽창색이라고 불리며 실제보다 커 보이는 색이다. 차가운 색과 어두운 색 또는 검은색은 수축색이라고 한다. 크기를 느끼는 방식은 명도와 깊은 관계가 있다.

◉ 팽창·수축 효과

패션 업계에서 분홍과 새먼핑크는 실제보다 커 보이는 색으로 알려져 있다. 팽창색은 부드럽게 보이는 색이기도 하며 풍성해 보이는 이미지도 있다. 검정과 감색은 작아 보이는 색으로 몸집이 큰 사람이 좋아한다.

예를 들어 검은색 스타킹은 다리가 날씬해 보이는 효과가 있어 인기다. 그러나 검은색이 날씬해 보일 거라는 생각에 전신을 검은색으로 하면 오히려 무거워 보이는 역효과가 날 수도 있다.

파랑, 하양, 빨강의 삼색 컬러로 유명한 프랑스 국기. 파랑은 자유, 하양은 평등, 빨강은 자비를 나타낸다.

여기에서 사용되는 흰색은 팽창색의 영향을 고려해서 오랫동안 빨간색보다 폭을 좁게 그렸다. 그대로 보면 팽창색의 영향으로 흰색 부분이 커 보이기도 하지만 바람에 휘날리는 점을 생각해서 빨간색의 면적을 크게 한 것도 같다.

색에서 느끼는 크기

명도가 높은 색은 커 보이고, 명도가 낮은 색은 작아 보이는 경향이 있다.

팽창색(명도가 높다)

수축색(명도가 낮다)

흰색 직경 21.9㎜   검은색 직경 22.2㎜

0.3㎜ 크다!

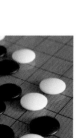

흰색과 검은색 중에서는 흰색이 더 커 보인다.
따라서 바둑돌은 검은색을 크게 만든다.

P O I N T 난해한 팽창색과 수축색

진출색과 후퇴색의 연구보다 팽창색과 수축색의 연구는 전혀 진척
이 없어 그 원리를 해명하지 못하고 있습니다. 인테리어에 응용하는
것도 무척 어렵습니다. 개인마다 갖고 있는 이미지의 효과도 더해져
개인차가 크다고 할 수 있어요.

색은 기억하기 쉽지만, 정확하게는 기억하지 못한다

◉ 색은 기억하기 쉽다

우리는 평소 익숙한 것들과 풍경은 기억하고 있다고 자각하지만 완전히 기억하지는 못한다고 한다. 그중에서도 색은 기억하기 쉬운 요소라고 할 수 있다. 캘리포니아 주립대학의 연구에서는 대학생을 대상으로 자동차를 식별하는 정보로서 차종과 색에 대한 실험 참가자의 기억을 알아봤다. 그러자 차를 식별하는 데는 차종보다 색이 더 중요한 요소로 기억되고 있음을 알 수 있었다. 이 실험을 통해 쉽게 색은 기억된다는 사실을 알 수 있다.

◉ 색은 정확히 기억하기는 어렵다

색은 기억하기 쉽지만, '정확히' 기억되지 않는다는 특징이 있다. 예를 들어 왕벚나무는 실제로는 매우 옅은 분홍색을 띠지만, 우리는 왕벚나무의 색을 선명한 분홍색으로 여기는 경향이 있다.

특징이 있는 것의 특징을 더욱 과장해서 기억하기 때문이다. 특히 소메이요시노는 벚꽃 관련 상품이 선명하게 만들어져 있는 것도 있고, 선명한 색으로 기억하고 만다.

색과 기억에 대해서는 여러 연구가 진행되고 있다. 명도는 비교적 변화하기 어려우며, 채도는 보다 선명하게 기억되고, 색상(色相)은 그 색의 카테고리에서 대표적인 색(초점 색상)에 가까워진다는 사실이 밝혀졌다. 이런 점에서 기억은 이미 가지고 있는 정보와 새로운 정보의 영향을 받아 변화하는 것을 알 수 있다.

색이 남기는 기억

차종(형태)은 기억나지 않아도 색은 기억에 쉽게 남는다.

색은 기억에 남기 쉽지만 정확히 기억하기는 어렵다. 채도는 더 선명하게, 색상은 그 색의 카테고리 중에서도 가장 대표적인 색으로 기억되기 쉽다.

 P O I N T **왜 색을 정확하게 기억하지?**

색은 하나의 요소가 아닌 색상, 명도, 채도라는 3가지의 집합체이기 때문입니다. 그것을 점(点)으로 받아들이기 때문에 이미지의 영향을 받아 기억이 어긋납니다.

미각을 바꾼다 ❶ 그릇의 색은 미각에 영향을 준다

◉ 컵의 색깔이 입맛을 바꾼다

페더레이션 대학과 옥스퍼드 대학은 공동 연구를 진행하여 색이 미각에
도 영향을 미칠 수 있음을 규명했다. 실험 참가자들에게 투명한 컵, 흰색
컵, 파란색 머그잔에 카페라테를 마시게 한 결과, 흰색 컵에 마신 커피의
농도를 진하다고 느꼈다고 한다.

또한 흰색 접시에 딸기 무스를 제공하면 검은색 접시보다 10% 더 감미
롭게, 15% 더 맛있다고 느낀다고 한다. 이것은 컵이나 접시가 만드는 컨
트라스트(명암)의 영향 때문인 것으로 보인다(돈, 스펜스 2014).

◉ 식욕과 색의 관계

색채 심리 중에서도 색과 식욕의 관계는 매우 복잡한 것으로 알려져 있
다. 개인이 가진 기억의 영향(맛있었던 것)과 문화적인 영향을 강하게 받고
그것이 복잡하게 작용하기 때문이다. 파란색은 식욕을 억제하는 색으로
잘 알려져 있지만, 파란색을 본다고 해서 식욕이 없어지는 간단한 원리는
아니다.

흰색 접시에 차지하는 파란색의 비율이 심리적 맛에 미치는 영향을 조
사한 연구에서는 접시에 포함된 파란색이 10~20%일 때 식욕을 증진시키
는 경향이 있으며, 파란색의 비율이 증가함에 따라 식욕이 감퇴하는 경향
이 있다는 사실을 발견했다(가와시마, 가즈노 2009). 소량의 파란색이 포함
된 접시가 식욕을 자극하는 것은, 컵의 색깔이 입맛을 바꾼 것과 마찬가
지로 대비 컨트라스트 효과의 일종이라고 생각된다.

색에서 느끼는 미각(그릇의 색)

흰색 머그잔으로 카페라테를 마실 때 가장 진하다고 느낀다.

흰색 접시에 딸기 무스를 먹으면 검은색 접시에 먹는 것보다 10% 더 감미롭게, 15% 더 맛있다고 느낀다.

식욕이 돋는 색(예)

 직접 영향을 받는다.

식욕을 떨어뜨리는 색(예)

간접적으로 영향을 받는다.

음식을 돋보이게 하는 색(예)

 ·접시
·컵 등

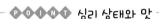

P O I N T 심리 상태와 맛

 색은 직접적으로 식욕을 자극할 뿐만 아니라 간접적으로 진정 효과를 만들어 음식을 맛있게 느끼게 하는 효과도 있습니다. 편안함을 주는 색인 베이지, 진하지 않은 녹색 계열, 분홍색이 간접적인 효과가 높다고 합니다.

음식의 색은 미각에 영향을 준다

◉ 음식의 색은 미각을 바꾼다

그릇뿐만 아니라 음식 자체가 미각에 영향을 미치는 예를 알아보자. 스페인 대학에서 실시한 실험이 있다. 오렌지 주스를 '있는 그대로' '붉게 착색' '녹색으로 착색'한 세 종류를 시음하게 했다.

그러자 거의 모든 사람이 빨간색 주스를 가장 맛있다고 느꼈고 녹색으로 착색한 주스는 신맛이 강하다고 대답했다고 한다. 이 사실에서 우리는 음식의 색에 영향을 받고, 미각의 감각까지 바꿀 수 있다는 것을 알 수 있다.

프랑스의 식품 마케팅 연구원에 따르면 미각과 색의 관계는 어린아이들에게도 영향이 있다고 한다. 과일 시럽을 맛을 바꾸지 않고 채도만 바꿔서 한 실험에서는 선명한 것일수록 아이들은 맛이 진하다고 느꼈다. 설탕 함량이 낮아도 색으로 강한 단맛을 강조하는 것이 가능하다는 얘기이다.

◉ 음식의 색에 관련된 문제

세계의 식품업계에서는 이전부터 이러한 음식의 색과 맛(판매 실적)의 중요성과 그에 따른 식용 색소 사용 증가 문제를 제기해 왔다. 음식의 색 문제는 문화와 깊게 연관되어 있다. 예를 들어 달걀노른자는 진하면 진할수록 영양가가 높다는 것은 오해로 밝혀졌는데, 실제로는 먹이의 색이 드러난 거에 불과하다. 흰쌀과 같이 흰색 음식을 먹으면 하얗게, 빨간색 파프리카와 같이 붉은색 먹이를 먹으면 오렌지색이 된다.

색에서 느끼는 미각(식재료의 색)

미각과 색의 실험

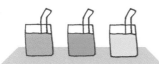

\ 이것 맛있네 /   \ 시큼해 /

오렌지 주스를 빨강이나 녹색으로 착색하면 빨갛게 착색한 주스를 맛있다고 느끼고 녹색 주스를 시다고 느낀다.

달걀과 색의 관계

달걀껍질의 색은 닭의 깃털 색과 같다. 노른자의 색은 먹이의 색에 영향을 받은 것이지 딱히 영양과 관련이 있는 것은 아니다.

POINT 사과의 색과 문화

인간의 식욕과 색은 너무 복잡합니다. 과거의 기억과 문화적 영향을 크게 받지요. 우리나라에서는 빨간색 사과가 일반적이지만 유럽에 서는 녹색 사과가 일반적인데요, 녹색 사과가 익숙하지 않은 사람이 먹으면 신맛이 불쾌하게 느껴진다고 하네요.

색은 후각을 바꾼다

⊙ 음식의 색은 후각을 바꾼다

프랑스의 향수 연구로 알려진 모로 등이 발표한 연구가 있다. 학생 54
명에게 보르도산 화이트와인의 냄새를 맡게 하고 어떤 냄새가 나는지를
물었다. 그러자 대답은 버터, 레몬 등 화이트와인과 연관된 내용뿐이었
다. 그래서 와인에 무미 무취의 붉은색 색소를 섞고 냄새를 맡게 한 후 같
은 질문을 하자 카시스(cassis, 블랙커런트)와 체리 향이 난다고 대답했다.
많은 학생들이 색이 주는 이미지에 영향을 받아 다른 냄새가 난다고 느낀
것이다(모로 외 2001).

또 다른 실험에서는 커피는 커피 색으로 포장했을 때 가장 향이 강하게
느껴진다고 대답했다. 포장과 제품 사이에는 매우 중요한 관계가 있음을
알 수 있다.

⊙ 냄새가 시각에 미치는 영향

반대로 냄새가 색이라는 시각적 지각을 좌우하는 일은 있을 수 있을
까? 후각이 시각에 미치는 영향은 아직 잘 알려지지 않고 있다. 일본의 규
슈 대학에서 색상을 기억하는 실험을 하고, 실험 중에 냄새가 있을 때와
없을 때의 기억에 차이가 있는지를 조사했다. 감귤류의 껍질에 들어 있
는 물질인 데칸알(decanal)을 맡게 한 결과, 관련되는 오렌지를 연상하는
게 아니라 오렌지색의 기억을 억제했다고 한다(타무라, 오카모토, 하마카와
2018). 이런 이유에서 단순하게 냄새와 색을 결부 짓는 광고는 위험하다고
한다.

색에서 느끼는 향

와인의 색과 향

·레몬
·버터
·벌꿀

·카시스
·체리

냄새는 후각 정보이면서 와인의 색에서 연상되는 물건의 냄새라고 생각된다. 색은 후각에까지 영향을 미친다.

포장과 향기

커피는 커피 색 포장지에 들어 있으면 향기를 강하게 느낀다.

시각과 후각

캐모마일

유칼립투스

로즈힙

시각적으로 이미지하기 어려운 향기의 상품은 포장으로 시각적 효과를 낼 것을 추천한다.

P O I N T 시각물과 후각

사람이 가진 후각과 시각의 관계는 복잡합니다. 과거의 기억과 시각이 결합하여 색이 후각에 영향을 미칠 수도 있다고 해요. 시각적으로 상상하기 어려운 향기의 상품 등은 포장지에 냄새 비주얼(꽃 등)로 꾸미면 좋아요.

색은 금전 감각을 바꾼다

◉ 가격의 감각을 바꾸는 색

슈퍼마켓에서 흔히 보는 가격표는 보통은 빨간색 글씨로 적힌 것이 많다. 이 빨간색에는 다양한 효과가 있다.

예를 들어 빨간색 글자는 멀리서도 잘 보이는 효과가 있고, 또한 빨간색은 눈에도 확 들어오는 색이다. 이를 유목성(誘目性, 심리적인 마음의 변화로 눈에 띄는 정도를 수치화한다–역자 주)이라고 한다. 또한 빨간색 글자는 적자(赤字)를 연상시켜서 소비자로 하여금 자신이 이득을 본다고 느끼게 만든다. 이 또한 색 이미지의 힘이라고 할 수 있다. 즉 빨간색 글자는 '저렴하니까 사지 않으면 손해예요'라는 기분이 들게 하는 색이다. 이외에도 빨강은 행동을 촉진시키는 효과도 있어 빨간색 글자를 보면 자기도 모르게 구입하게 되는 이유에는 이러한 복합적인 요소가 있다.

◉ 특히 여성이 빨간색에 반응하는 이유

특히 여성은 빨간색에 민감하다. 이유는 여러 가지가 있지만, 주요 논제가 두 가지 있다. 하나는 선천적인 이유로, 인류가 진화하는 과정에서 남성은 사냥에, 여성은 과일 등을 채취하는 생활에 적응해온 시대적 배경이 있다. 열매는 빨갛게 숙성하는 것이 많아서 빨간색에 민감해졌다는 설이다.

또 하나는 후천적인 이유로, 어릴 때부터 빨강 계열의 물건(분홍색)을 가까이 할 기회가 많이 있다. 뇌의 학습 효과로 빨강 계열의 것에 민감하게 반응한다는 설이다.

색에서 느끼는 가격 및 가치

슈퍼마켓의 빨간색 가격표의 효과

적자=득템

멀리서도 잘 보인다

행동 촉진 효과

빨간색 글자(빨간색 배경에 흰색 문자)에는 빨간색의 심리 효과가 복합되어 있다.

여성이 빨간색에 반응하는 이유

· 선천적인 이유(수렵 시대로 거슬러 올라가면 열매 채취 시에 빨간색을 찾아다녔다)
· 후천적인 이유(어릴 때부터 빨강 계열의 물건을 가까이했다)

여성은 빨간색에 민감하다.

남성은 빨간색에 신뢰감을 갖고
있다는 설도 있다.

POINT 뇌의 학습 효과

뇌는 같은 것을 보고 있으면 발달해서 자질구레한 물건을 분별할 수 있고, 그리고 민감해진다고 합니다. 흰색 세상에서 사는 이누이트는 흰색에 익숙해져서 둔감해진 게 아니라 민감하지요. 흰색을 표현하는 어휘는 많이 있습니다.

구매 결정을 바꾼다   마케팅의 세계에서 보는 색

◉ 구매 선택에서 중요한 것은 '색'

미국의 마케팅 연구에 따르면 소비자가 매장을 방문해 '산다' '사지 않는다'를 선택하는 것은 불과 90초. 그리고 약 93%의 사람이 제품의 영상을 보고 결정하는 것으로 알려져 있다. 비주얼 중에서도 색으로 판단하고 있는 사람은 84.7%로 매우 높은 것을 알 수 있다. 결국 제품의 외형 그리고 색이 관건이다(엘리엇, 하이트 1992).

82페이지에서 소개한 색의 시간 감각을 변화시키는 효과와 결합하면 강력한 효과가 있다. 인테리어를 차가운 톤으로 꾸미면 고객은 찬찬히 시간을 들여서 상품을 선택하고 구경하는 시간이 증가하는데, 이는 결과적으로 구매 금액의 증가로 이어진다고 한다.

◉ 유도되는 색의 수

텔레비전 홈쇼핑에서는 가방, 지갑 등의 상품을 판매하고 있는데, 색의 종류에 주목해보자. 대부분의 경우 한 상품에 4~5가지 색으로 판매되고 있다. 특히 이 '5'라는 것은 마법의 숫자이며, 다섯 가지 색으로 출시하면 매출이 늘어나는 것으로 알려져 있다. 그레이와 라이트그레이, 겨자와 재스민처럼 유사한 색도 있다. 비슷한 색은 비용을 생각하면 줄이는 게 좋을 것 같지만, 다섯 가지 색 중에서 선택하게 하는 것이 중요하다. 저렴한 동일 제품을 여러 개 구입하는 것을 기대할 수 있는 제품은 색 수를 더 늘려도 효과가 있다.

색이 좌우하는 구매 결정

저 색이다!

· 구매 결정은 매장에 들어선 후 90초
· 시각적으로 결정 93%
· 시각적 요소 중에서도 색으로 판단 84.7%

단시간에 구매 결정을 하며, 구매 판단에는
색이 크게 관여하는 것으로 알려져 있다.

겨자
C19 M39 Y70 K0
R212 G164 B88
1Y 6/6

이건가?

재스민
C11 M21 Y51 K0
R231 G204 B137
2Y 8/4

동일 제품을 5가지 색으로 전개하면 딱히 살 생각이 없어도
선택하는 구매 욕구를 유도한다.

P O I N T 5색 효과

사람은 색의 수가 많으면 흥미는 있지만 선택할 수 없게 되고, 색의
수가 적으면 흥미가 생기지 않는 심리적 효과가 있습니다. 그 균형이
바로 5색입니다. '나라면 이게 좋아~'라는 생각은 시간이 지나면서
'이거 갖고 싶어'라는 생각으로 바뀌지요.

인물 평가를 바꾼다 **여성을 매력적으로 보이게 하는 색**

⊙ 여성은 색에 따라 매력적으로 보인다

색은 인물을 평가하고 매력을 좌우하는 힘이 있다. 미국의 연구에서 여성의 사진 배경을 빨강, 파랑, 녹색, 회색, 흰색으로 해서 어떤 색이 여성의 매력도에 영향을 미치는지 연구한 실험이 있다. 그 결과 빨간색을 배경으로 하면 여성의 매력도가 상승하는 것을 알 수 있었다.

여성의 복장에 관해서도, 파란색 셔츠에 비해 빨간색 셔츠의 여성을 보는 남성은 그녀를 더욱 매력적이라고 느끼고, 더욱이 성적으로 그녀에게 끌려 데이트를 반복하고 데이트에 돈을 쓸 가능성이 더 높다는 것을 보여주었다(엘리엇, 니에스타 2008).

⊙ 동양인의 경우 빨간색은 효과적인가?

빨간색은 여성의 매력을 한층 끌어올린다는 것은 미국의 연구이지만, 동양인을 대상으로 추가 실험을 한 것이 있다.

사진의 배경을 빨강, 파랑, 녹색, 노랑, 흰색으로 바꾸어 조사한 결과 빨간색을 배경으로 한 여성의 매력도가 마찬가지로 높은 것을 알 수 있었다. 채도가 높은 파랑, 녹색, 노랑보다 빨간색 배경의 여성이 더 매력적으로 다가왔다는 것에서 채도가 아니라 빨간색이 매력을 높이는 것을 알 수 있다. 또한 매력도 이외에도 지적 호감에 영향을 미치는지를 조사한 결과에서는 배경색이 주는 효과를 찾을 수 없었다(핫토리 2017). 문화적 배경에 관계없이 빨간색은 여성의 매력을 한층 증폭시키는 효과가 높다고 할 수 있다.

색이 좌우하는 인물 평가

남성은 여성의 사진 배경이 빨간색이면 사진 속 여성을 높이 평가하는 경향이 있다. 그리고 가장 큰 특징은 실험에 참가한 남성 모두가 실험의 취지를 간파하지 못했다. 즉 참가자 전원이 자신이 빨간색으로 유도되고 있는 사실을 자각하지 못했다.

로맨틱 레드의 이미지

 카민
C0 M100 Y65 K0
R230 G0 B62
4R 4/14

모던 디자인을 상징하는 빨강

 와인 레드
C38 M100 Y70 K2
R178 G6 B64
2R 4/12

차분하면서도 요염한 분위기를 연출하는 빨강

 오키드 핑크
C5 M72 Y0 K0
R227 G102 B161
6RP 6/12

분홍색 난꽃의 이미지

 P O I N T **로맨틱 레드**

2008년 미국 로체스터 대학의 앤드루 엘리엇 교수와 다니엘라 니에스타가 발표했습니다. 빨간색 배경과 붉은색 옷은 여성의 매력을 더 높이 평가하는 것으로 밝혀졌어요. 익숙한(흥미로운) 단어이므로 색채 심리의 세계에서 자주 사용되는 단어예요.

수면을 유도하는 색

수면 유도 색

◉ 색은 수면을 유도한다

이 페이지부터는 몸에 직접적으로 영향을 미치는 심리적 효과에 대해 소개한다.

우선 잠에 관련된 색에 대해 알아보자.

파란색은 몸을 차분하게 하고 맥박을 안정시켜 자연스럽게 진정하게 만드는 효과가 있다. 이런 이유에서 이불이나 잠옷 등의 침구에 수면을 유도하는 파란색을 사용하는 것은 일리가 있다. 파란색에 흰색을 곁들이면 상쾌한 느낌을 강조할 수도 있다.

파란색 중에서도 옅고 밝은색이 좋고, 진한 파란색이나 채도가 높은 파란색을 사용하면 역효과가 날 수 있으니 주의하자. 또한 파란색은 체감 온도를 낮추기 때문에 냉증이 있는 사람은 피하는 것이 좋다.

색의 효과는 개인차가 크기 때문에 자신의 반응에 따라 조정하는 게 좋다.

◉ 색과 조명 사용법

침실의 조명도 중요하다. 침실은 오렌지색 빛(전구색)의 간접 조명을 추천한다. 오렌지색 빛은 수면 호르몬이라 불리는 멜라토닌의 분비를 촉진한다. 파란색의 진정 효과를 떨어뜨리지 않기 위해서라도 침구의 파란색 채도는 지나치게 높지 않은 것을 권장한다.

너무 깜깜한 상태로 하면 심리적 불안이 되살아나는 일도 있어 0.3룩스 정도가 좋다고 알려져 있다.

0.3룩스는 어렴풋이 방이 보이는 달빛 정도의 밝기이다.

색으로 편안한 수면에 든다

베이비블루
아기에 사용되는 부드러운
하늘색
C30 M0 Y0 K0
R198 G231 B249
10B 9/3

옅은 파란색은 진정 효과가 있어 몸을 부드럽고 평온하게 해준다.
흰색을 함께 사용해서 상쾌한 느낌을 더하면 효과적이다.

오렌지색 빛은 멜라토닌의 분비를 촉진한다.
파란색 침구에 구애받지 말고 자신이 편하게
잘 수 있는 색을 골라보자.

방의 밝기는 0.3룩스, 즉 어렴풋이
방안이 보이는 정도를 추천한다.

 **멜라토닌**

각성과 수면을 전환하는 호르몬. 10세 무렵에 정점을 찍고 노화와
함께 감소합니다. 노인이 되면 거의 발생하지 않아 양질의 수면을
취할 수 없다고 해요. 특히 젊은 세대는 멜라토닌 분비를 촉진하는
오렌지색이 효과가 있겠지요.

피부의 광감각

◉ 피부로도 빛을 느낀다

많은 사람들이 모르는 사실이지만, 사람은 피부로도 색을 감지한다.

빛의 정체는 전자파로, 사람은 전자파의 일부를 가시광선으로 인식한다 (124페이지). 우리는 가시광선의 바깥에 있는 자외선을 받아 일광을 하는 것이므로 피부가 전자파를 감지하고 있는 것이다.

피부가 파란색이나 붉은색을 감지하는지를 연구하는 실험은 있었지만, 아직 분명한 결과가 도출되지는 않았다. 피부가 섬세하게 색을 분별할 수 있는지는 알려져 있지 않지만, 특정 색(빨간색, 파란색)에 반응하는 등 가시 영역을 포함한 영역을 넘어선 빛에 반응하고 있는 것은 틀림없다. 눈 속에서 색을 감지하는 부분에 있는 옵신(opsin, 감광성(感光性) 망막 색소 로돕신을 합성하는 단백질)이라는 단백질은 피부에 있는 것으로 알려져 있다. 피부의 옵신이 어떻게 작용하는지는 아직 밝혀지지 않았다.

◉ 근육 긴장도 라이트 토너스 값

몸이 색에 반응하는 근육 긴장도를 나타내는 라이트 토너스(light tonus) 값이 있다. 두 눈을 가린 상태에서 몸에 빛을 대는 실험을 통해 구한 수치이다. 베이지와 파스텔톤 색의 측정값은 23이고, 근육이 이완되어 있는 상태이다. 파란색은 24, 녹색은 28이고, 이 언저리의 수치까지 근육을 풀어주는 수치라고 알려져 있다. 반면 노란색은 30, 오렌지색은 35, 빨간색은 42가 되고, 이들 색은 긴장감을 높인다고 한다.

피부로 느끼는 색

우리는 피부를 통해 색에 반응하고 있다. 빛을 조사(照射)한 실험에서
구한 수치에 근육 긴장도 라이토 토너스 값이 있다.

〈라이트 토너스 값〉

색	색 이름	값	상태
	베이지·파스텔	23	이완
	파란색	24	↑
	녹색	28	
	노란색	30	
	오렌지색	35	↓
	빨간색	42	긴장

라이트 토너스 값이 낮은 색을
사용한 실내는 피부에도 편안
한 색이라고 할 수 있다.

P O I N T **하이퍼소닉 효과**

인간의 귀에 들리는 소리는 초당 약 2만 회의 공기 진동(20KHz)까지
입니다. 더 높은 소리는 귀로는 들리지 않는다는 얘기죠. 그런데 사
람은 소리도 피부로 감지하여 소리의 깊이 등 몸과 마음에 영향을
주고 있는 것으로 알려져 있어요.

젊게 만드는 색   신체를 젊게 하는 색

◉ 회춘을 기대할 수 있는 분홍색 효과

회춘을 기대할 수 있는 색도 있다. 그렇다고 색을 보기만 해도 점점 젊어지는 마법과 같은 효과가 있는 것은 아니고, 간접적으로 회춘의 효과를 기대할 수 있다는 얘기이다. 이 효과를 기대할 수 있는 것은 분홍색이다. 해외의 한 실험에서는 분홍색 옷을 입고, 분홍색 커튼으로 장식한 방에서 생활하면 외모가 젊어지고 성격까지 밝아진다고 한다.

이 원리는 여성 호르몬인 에스트로겐이 관여하는 것으로 여겨진다. 에스트로겐은 여성의 몸 전체의 건강을 책임지는 역할도 하는 호르몬으로, 뇌와 자율신경에도 작용하기 때문에 여성의 심신에 큰 영향을 미친다. 에스트로겐은 나이가 들수록 점차 감소한다. 그래서 분홍색이 주는 행복감의 효과로 스트레스를 줄일 수 있다.

스트레스는 에스트로겐의 분비를 저하시킬 위험이 있다. 또한 적당한 운동은 에스트로겐의 분비를 촉진해서 생기 있는 몸만들기에 도움이 된다.

◉ 진정 효과로 생기 찾기

남성도 회춘에 관련되는 남성 호르몬인 테스토스테론이 있다. 테스토스테론을 감소시키지 않기 위해서라도 스트레스를 받지 않는 것이 중요하다. 분홍색 말고도 릴랙스 효과를 주는 색(46페이지)을 사용해서 심신의 건강을 지키자.

회춘을 기대할 수 있는 분홍색

에스트로겐은 젊음을
유지하는 호르몬

분홍색 방, 분홍색 옷을 입
으면 회춘 효과를 기대할 수
있다.

 (고안자 : 이본느 마틴)

분홍색 물체를 가까이에 두고 분홍색 공기가 있다고
연상하고 분홍색 공기를 들이마셔 온몸에 분홍색이
번지는 상상을 한다.

연분홍색
벚꽃의 꽃잎
C0 M24 Y0 K0
R248 G212 B228
7.5RP 9/3

프렌치로즈
18세기 불상 유행색
C0 M51 Y13 K0
R240 G154 B174
9RP 7/9

로즈핑크
장미에서 유래된 분홍색
C0 M50 Y25 K0
R240 G155 B158
10RP 7/8

p.40 참조

P O I N T 분홍색의 효과

분홍색은 40페이지에 소개한 '아름다움', 이 페이지에서 소개한
'회춘' 이외에도 보호 욕구를 자극하는 효과도 있습니다. 예를 들어
직장에서 동료의 도움을 받고 싶을 때 분홍색 옷을 입으면 이야기가
원만하게 진행되는 효과를 기대할 수 있어요.

기록 향상에 도움되는 색채 심리

⊙ 육상에서 좋은 기록을 내는 색

스포츠 세계에서도 색채 심리를 활용해서 선수들의 능력 향상에 도움을 주고 있다.

예를 들어 육상 경기장 트랙은 오랫동안 붉은 벽돌색이었지만, 2000년 대에 파란색 트랙을 볼 수 있게 됐다. 파란색의 효과로 선수는 심적으로 안정된 상태에서 달릴 수 있다고 한다. 또한 파란색은 시선이 흔들리지 않아 안정 효과도 기대할 수 있다. 이런 이유에서인지 파란색 트랙에서 뛰면 기록 향상에 도움이 된다고 한다.

빨간색은 기분을 고양시켜 공격적인 감정이 들게 하는 색으로, 교감 신경을 강하게 해 흥분하게 만든다. 육상계에서는 기분을 고양시키는 것보다 안정을 유지하는 편이 기록에 도움이 된다고 알려져 있다.

⊙ 투수에게 유리한 파란색 미트

야구에서도 갈색 계열(피부색)의 글로브뿐만 아니라 파란색 물건이 등장하게 됐다. 야구에서 포수의 미트 색이 투수의 제구력에 미치는 영향을 알아보는 실험에 따르면 파란색 미트일 때 투수가 가장 던지기 쉬웠다고 한다. 이는 파란색에는 인지 기능을 높이는 효과가 있어 제구력에 자신이 없는 투수는 파란색 미트일 때 컨트롤하기 쉽기 때문이다.

갈색 계열의 글로브는 배경색인 흙과 비슷해서 콘트라스트 측면에서도 파란색이 도움이 된다고 한다.

색이 기록에 작용한다?

육상 경기장 트랙의 색은 벽돌색이 주류였지만, 최근에는 파란색 계열의 색상으로 바뀌고 있다. 좋은 기록을 내는 데 도움되는 색으로 알려져 있다.

분명히 파란색은 왠지 마음이 안정되지

파란색 쪽이 던지기 쉬울 것 같아

포수 미트가 파란색(왼쪽)이면 잘 보여서 던지기 쉽고 볼 컨트롤이 수월하다.

POINT **파란색의 정신 안정 효과**

캘리포니아 대학의 연구 결과, 색과 빛에 대한 생체 반응 테스트에서 파란색은 실험 참가자의 불안을 해소하는 것으로 밝혀졌습니다. 정신 안정제의 역할을 규명한 것이지요. 파란색 트랙은 선수들에게 안정감을 준다고 할 수 있습니다.

유니폼 색이 미치는 영향

⊙ 붉은색 유니폼을 입으면?

2005년 영국 과학 잡지 〈네이처〉에서 영국 더럼 대학 연구팀이 2004년 아테네 올림픽 개인 경기인 복싱, 태권도, 레슬링 종목을 대상으로 선수가 입은 빨간색과 파란색 옷의 색과 승패의 관계를 조사했다. 그랬더니 전체 경기의 55%에서 빨간색 옷을 입은 선수가 이긴 것으로 밝혀졌다(힐, 바튼 2005).

또한 2004년의 유럽축구선수권대회를 조사한 결과 레드 팀이 득점 비율과 승률이 높았다고 한다. 연구에 따르면 빨간색의 심리 효과로 더 공격적으로 상대를 위협하여 승리에 유리한 상황을 만든다는 것이다. 이러한 결과를 수용하여 색채 심리의 세계에서 스포츠 경기에서 빨간색을 입으면 '유리'하다고 보는 견해가 우세하다.

⊙ '입는' 것과 '보는' 것

붉은색 옷을 입은 경우 공격력이 증대해서 유리하다는 연구는 전 세계적으로 많이 있지만, 명확하게 '입는 쪽이 유리'한지 '보는 쪽이 유리'한지를 구분한 실험은 없다. 위에서 말한 승률 55%라는 것도 미묘한 숫자여서 우세하다고는 단정할 수 없다.

그래서 포포 포로덕션은 2008년 베이징 올림픽의 복싱, 태권도, 레슬링 경기를 대상으로 정말로 빨간색을 입은 쪽이 우세한지 조사했다. 그런데 전 경기에서 특히 눈에 띄는 장점은 볼 수 없었다.

승리와 색의 관계는?

예상되는 '입는 쪽의 장점'

· 부교감 신경이 우세하다.
· 편안한 상태를 만든다.

· 교감 신경이 우세하다.
· 공격적인 상태를 만든다.

경기 내용이나 입거나 보는 면적에 따라 변화한다고 생각된다. 단순히 빨간색이 유리하다고는 볼 수 없다.

입고 있는 부분이 작은 것은 입고 있는 효과보다 보는 것이 효과가 높을 가능성도 있다. 입는 효과, 보는 효과는 복잡하게 결합되어 있는 것으로 생각된다.

  운동회는 백팀이 유리?

예전의 초등학교 운동회에서 '백팀이 승리할 확률이 높다'라는 말을 들었던 기억이 있을 텐데요. 예를 들어 기마전과 같이 착용 면적이 작고, 상대의 모자를 계속 바라보는 경기에서는 파란색을 입는 것보다는 보고 있는 백팀에게 더 큰 효과가 있는 게 아닐까 생각해요.

녹색의 안정 효과

⊙ 붉은색 옷을 입었을 때의 반응

시합을 할 때 입는 유니폼 색이 체력과 심장 박동의 물리적 매개 변수에 미치는 영향을 조사한 연구가 있다. 체중, 신장, 나이가 같은 28명의 남자 선수에게 빨간색과 파란색 운동복을 임의로 할당했다.

붉은색 유니폼을 입은 참가자는 심박수가 높고, 경쟁심에 관계하는 남성 호르몬인 테스토스테론이 나오고, 또한 자신감이 넘치고 다리의 근력도 증가하는 것으로 밝혀졌다. 참가자의 신체 기능은 빨간색 셔츠에 의해 영향을 받는 것으로 알려져 있다(뮌스터 대학 외 2013).

⊙ 녹색의 휴식 효과

사람이 걷고 있을 때 무의식적으로 색의 영향을 받으면 속도가 어떻게 변화하는지를 조사한 실험이 있다. 실험 참가자들은 녹색, 빨간색, 흰색이 비치는 큰 TV 화면으로 둘러싸인 트레드밀(실내용 워킹, 러닝머신)에서 가장 쾌적한 속도로 걷기 또는 달리기를 했다. 그 결과, 녹색의 환경에서 걸으면 빨간색이나 흰색일 때와 비교하여 심박수가 크게 감소하는 것을 알 수 있었다. 이것은 녹색이 만드는 진정 효과 때문인 것으로 보인다. 이런 이유에서 녹색은 에너지 절약을 유도할 수 있을 거라는 주장도 있다.

색과 심박수

· 심박수 저하
· 휴식 상태
· 에너지 절약 유도

녹색으로 둘러싸인 곳에서 운동을 하면(실험에서는 TV 화면) 흰색이나 빨간색의 경우와 비교하여 편안한 상태를 유지하는 것으로 나타났다.

황록색
밝고 연한 황록색
C23 M4 Y52 K0
R208 G221 B144
3GY 8/6

연두색
목초 등 잔디의 색
C71 M32 Y100 K0
R87 G139 B53
5GY 5/8

사람은 이미지로 물건을 판단하는 경향이 있어, 녹색을 보고 있는 것만으로 뇌에서 초원이나 산을 걷고 있는 상상을 할 가능성도 있다.

말차*
말차의 옅은 색상
C46 M23 Y54 K0
R153 G173 B130
7GY 7/4

밝은 녹색
나무와 잔디에 보이는 녹색
C71 M32 Y100 K0
R87 G139 B53
5GY 5/8

 **테스토스테론**

남성 호르몬의 일종입니다. 근육의 증대나 골격의 발달에 관여하고 공격성, 경쟁심과 관계가 있다고 알려져 있습니다. 분비량이 증가하면 젊어지고 건강을 유지하는 효과도 있답니다.

학습 효과를 높이는 색 ❶ 아이 방의 환경색

◉ 학습 효과를 높이는 방의 색

학습 효과를 동기라고 생각한다면 그것은 감정적인 효과로 분류된다고 생각하는데, 여기에서는 무의식적으로 효과를 낸다는 관점도 포함해서 생체에 미치는 영향을 소개한다.

어린이의 학습 효과를 높이려면 아이 방을 차가운 색으로 꾸미면 좋을 것이다. 파란색은 진정 효과뿐만 아니라 집중력도 높인다. 파란색 중에서도 명도가 높은 밝은색이 좋다(높은 채도의 색상은 피한다).

흰색을 기본 색상으로 꾸미면 방의 분위기가 밝아진다. 아이 방에 무기질 색채는 좋지 않기 때문에 모노톤으로 꾸미지 않도록 주의하자. 또한 밝은 색상을 여러 가지 사용하는 것이 두뇌 발달에 도움이 된다. 흰색으로만 꾸민 방이나 단색으로 꾸민 방에서는 효과를 기대할 수 없다.

◉ 각자의 성격에 맞는 방 꾸미기

그렇다고 파란색으로 꾸민 방이 모든 아이에게 좋다는 것은 아니다. 각자의 성격에 맞춰 장점을 극대화할 수 있는 방이 당연히 좋다. 좋아하는 색에서 도출되는 성격에 맞게(60~73페이지) 방의 색채를 생각하자.

예를 들어 창의력을 향상시키고 싶으면 파란색, 하늘색, 연두색을 넉넉하게 사용하고 집중력이 없는 아이는 파란색 계열의 색을 추천한다. 균형감각을 원한다면 조화로운 녹색 계열의 색도 추가해보자. 지적 호기심을 높이려면 노란색을, 친근함이나 친구들에게 호감을 줄 수 있는 성격을 강화하려면 오렌지색을 의식적으로 사용해도 좋다.

아이 방의 색
장점과 단점

파란색 방

장점
· 집중력이 생겨 공부가 잘 된다.
· 편안하다.
단점
· 쓸쓸한 분위기가 난다.

오렌지색 방

장점
· 밝은 성격이 된다.
· 친구가 늘어난다.
단점
· 지기 싫어하는 오기가
　생긴다.

녹색 방

장점
· 조화형의 사람으로 성장할
　수 있다.
· 마이페이스가 된다.
단점
· 자아가 강해진다.

보라색 방

장점
· 창조적인 성격이 된다.
· 감각이 민감해진다.
단점
· 불안정한 성격으로
　발전하기 쉽다.

POINT 기하학적 효과

아이 방의 벽 무늬는 조류나 별 등 뚜렷한 것이 아니라 추상적인 것
이나 기하학적인 무늬가 있는 것이 좋습니다. 어린이의 상상력을 키
울 수 있기 때문이지요. 나뭇결무늬는 정서 교육에도 도움이 된다고
하네요.

학습을 도와주는 색

◉ 암기와 이해를 돕는 색

색은 기억을 도와주고 이해력을 높이는 도구가 될 수 있다. 과제를 기억하려고 할 때 색을 사용하면 학습 효율이 약 20% 오른다는 해외의 실험이 있다. 검은색 한 가지 색으로 된 문자 학습보다 색이 있으면 뇌에 자극이 되는 것으로 볼 수 있다.

어린이의 이해력을 높이고 싶다면 단색 인쇄보다는 2색 인쇄를 사용하기를 권한다. 강조하고 싶은 부분을 빨간색으로 바꾼 2색 인쇄는 학습 효과가 높고 반응 속도도 향상했다(마루야마, 아카호리 2007). 단시간에 기억 효과를 높이고 싶다면 빨간색은 좋은 선택지가 될 수 있다.

◉ 학습에 도움되는 색

파란색은 집중력을 높이는 색으로 알려져 있지만 단시간에 기억하려면 빨간색을 사용해도 좋다는 연구 결과도 있다. 이것은 위험에 대비하여 긴장감을 높이고 능력을 일시적으로 높이기 위함이라고 생각된다.

그러나 빨간색을 많이 사용하면 주의력이 산만해져 집중력이 떨어질 가능성이 있다. 일례로 흰색, 녹색, 빨간색의 용지를 사용하여 IQ 테스트를 실시했는데 빨간색이 가장 성적이 나빴다는 실험 결과도 있다.

빨간색은 글자에만 사용하는 등 사용 범위를 줄이고 면적이 넓은 것은 파란색 계열의 색을 사용해서 진정 효과와 집중력 향상을 노리는 편이 좋다. 또한 색의 효과에 지나치게 얽매이지 말고 좋아하는 색으로 유도하는 방법도 있다.

인쇄에 사용하는 색

색을 사용하는 이점

· 기억력을 높인다.
· 이해력을 높인다.
· 반응 속도를 높인다.

좋아, 90점이야.
잘 했어

중요한 곳이 빨간색 문자로 인쇄된 것으로 공부하면 기억력을 높여준다. 빨간색이 기억 능력을 높일 가능성도 있다.

5점이네.
아 부끄러워…

시험 용지 자체가 빨간색이면 실력을 발휘하기 어렵다.

POINT 종이책 VS 전자책

한정된 시간 속에서 제약이 있는 가운데 책을 읽지 않으면 안 될 때는 전자책보다 종이책이 더 기억에 남기 쉽다는 연구 결과가 있습니다. 종이 냄새, 손동작, 표지의 색 등이 복합된 정보가 뇌를 활성화하는 것으로 생각할 수 있어요.

사람을 유혹하는 빨강의 힘

◉ 빨간색은 성적 기능을 높인다

덩굴성 다년생 식물인 꼭두서니(꼭두서니과의 여러해살이풀)로 염색한 빨간색 훈도시(褌. 일본의 성인 남성이 입는 전통 속옷으로, 면 재질로 되어 있다)와 허리띠는 예로부터 강장 작용이 있다고 알려져 있다. 붉은색 훈도시와 허리띠는 생식기의 발육을 좋게 하고 기능을 높인다고 전해진다.

100페이지에서 여성의 사진 배경 및 빨간색 옷을 입은 여성을 매력적으로 느낀다는 실험을 소개했다. 빨간색은 생식 활동과 관계가 있다고 할 수 있다. 다른 실험에서는 평균 연령 48.2세로 보인 여성보다 평균 연령 23.7세로 보인 여성에 대해 그 효과가 인정되었다.

또한 남성의 사진을 사용한 실험에서는 빨간색이 자신감이 없는 남성을 빨간색은 매력적으로 보이게 하는 효과는 없다는 사실과, 자신감 넘치는 남성을 더 매력적으로 보이게 한다는 사실을 알 수 있었다.

원숭이 엉덩이는 빨간색인데, 번식기가 되면 더 빨갛게 변해서 수컷은 암컷을 유혹한다고 한다. 특히 대장 원숭이는 다른 원숭이보다 붉어진다고 한다. 빨간색은 이러한 성적인 기능과 크게 관계하고 있다고 생각된다.

이 결과에서 주의하지 않으면 안 되는 것은, 여성의 경우 단순히 빨간색 옷을 입고 싶어서 입었을 뿐인데 남자는 자신을 유혹하고 있다고 받아들일 수 있다.

남자를 유혹하려면 의식적으로 빨간색을 입되, 그렇지 않은 거라면 빨간색을 입지 않도록 조심하자.

성적 기능과 빨간색의 관계

일본 전통 훈도시 색상

암적색
천으로 염색한 약간 어두운 빨강
C0 M90 Y70 K30
R183 G39 B45
4R 4/11

남색과 함께 인류의 가장 오래된 식물 염료로 알려져 있다. 옛날에는 천이 귀했으므로, 전국시대에는 훈도시의 유무로 사망자의 신원을 조사했다고 한다. 빨간색 훈도시는 생식 기능을 높이는 것으로 알려져 있다.

여성은 빨간색 옷을 입고 남자 앞에 나서면 높이 평가받는 대신 유혹하고 있다고 오해받는 경우가 있다.

POINT 그를 유혹하는 색

빨간색 옷을 입고 나가면 모르는 남성이 말을 걸어올지도 모릅니다. 그렇게 생각하는 여성은 빨간색 속옷을 추천합니다. 청초한 계열의 옷 속에 빨간색이 나타나면 대비효과가 그에게 각인될 가능성이 크지요.

색채 감각을 높인다 ①
색채 기초 지식

색과 관련된 업무에 종사하는 사람이라면 자신의 색채 힘(색채 감각)을 높이고 싶어 할 것이다. 색채 감각은 시각을 담당하고 있는 부분의 뇌를 단련해서 후천적으로 증대하는 것이 가능하다.

색채 감각과 색의 종합 능력으로 분류하면 다음의 5가지로 나뉜다.

- **색채 기초 지식**   · **색채 인지 능력**   · **색채 분석력**
- **색채 기억력, 재현력** · **색채 표현력**

가장 먼저 공부하는 것은 색채 기초 지식이다. 먼저 이 책을 여러 번 읽으면 충분 길러진다. 보완적으로 배운다고 하면 색채학이나 컬러 코디네이터 관련 도서를 추천한다. 뇌 과학의 관점에서 쓴 색 해설서 등도 살펴보자.

색채 감각을 높이는 미니 테스트

Q1. 가장 무겁게 느껴지는 색은?

A B C D

Q2. 가장 진정 효과를 기대할 수 있는 색은?

A B C D

색의 기초,
색이란 무엇인가

2장에서는 먼저 색이란 무엇인지
색의 기초를 포함해서
색이 보이는 원리와 눈의 기능, 색채 심리의 역사와
다양한 색의 효과를 알아보겠습니다.
보색과 색의 대비효과, 동화효과 등
색에 관한 재미있는 이야기를 곁들여
색의 기초에 대해 살펴보려고 합니다.

색의 기본 종류 — 색채 심리를 이해하는 색의 기초 지식

여기부터는 색채 심리를 배우기 위해 최소한 알아야 할 색의 기초 지식을 배운다. 색은 복잡한 부분이 있지만, 기초적인 내용을 제대로 익히면 복잡한 요소에 대응할 수 있다.

◉ 색이 보이는 기능과 눈의 기능

도대체 색이란 무엇인가 그 정체를 알아보고, 색을 인지하기까지의 원리를 설명한다. 색채를 다룬 책에서는 별로 이야기되지 않는 뇌 이야기까지 다뤘다.

◉ 색채 심리의 역사

색채 심리의 시작뿐만 아니라 색채 심리와 심리학의 관계를 포함하여 역사를 배운다. 탄생 배경을 아는 것은 학습의 이해도와 흥미도와도 깊이 관련되어 있다.

◉ 색의 기본

색의 기본적인 내용을 확인한다. 순색과 톤이란 무엇인지, 다양한 장면에서 사용하는 혼색에 대한 지식을 정리한다.

◉ 색의 표시 방법

색을 표시하는 방법을 알아본다. 색명의 종류, 계통명으로 먼셀 표색계를 설명한다.

◉ 색채 효과와 성질

색의 대비효과, 동화효과, 시인성, 유목성부터 스트루프 효과 등의 성질과 효과를 정리한다.

2장에서 배우는 내용

① 색이 보이는 원리와 눈의 기능

· 색이 보이는 원리
· 색이 보이는 구조
(p.124~131)

② 색채 심리의 역사

· 색채 심리의 시작
· 색채 심리학과 심리학
(p.132~139)

도움이
되네

③ 색의 기본

· 순색, 중간색
· 톤
· 혼색
(p.140~143)

④ 색의 표시 방법

· 기본색
· 고유색명, 관용색명, 전통색명
· 먼셀 표색계
(p.144~149)

⑤ 색채효과와 성질

· 대비효과, 동화효과
· 시인성, 유목성
· 스트루프 효과 등
(p.150~169)

색과 파장

⊙ 색의 정체는 전자파의 일종

색이란 무엇일까? 우리가 '색'으로 인식하고 있는 것의 정체는 전자파의 일종이다.

전자파 중에서 파장이 380~780nm의 범위에 있는 전자파를 색으로 인식하고 있다. 이 전자파를 가시광선이라고 하고 파장이 짧은 것을 청자색, 긴 것을 빨간색으로 인식한다.

그리고 우리가 색을 보기 위해서는 광원, 물체, 시각(눈)의 세 가지가 필요하다. 어느 하나가 없어도 우리는 색을 인식할 수 없다. 광원(태양이나 조명)에서 나온 빛은 물체(사과나 양복)에 닿고 물체에 반사된 빛(일부는 투과)을 눈으로 파악해서 우리는 색을 볼 수 있다.

색이 보이는 원리

색을 보기 위해서는 광원, 물체, 시각(눈)이 필요하다.

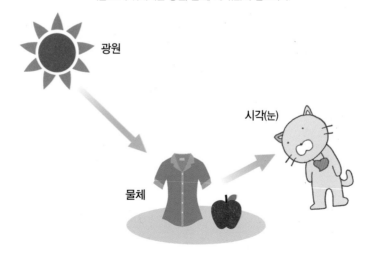

광원

시각(눈)

물체

색의 정체

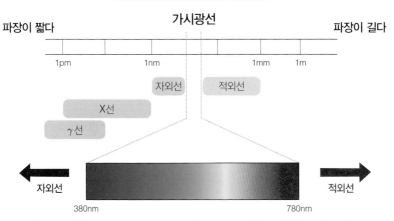

전자파의 종류

파장이 짧다　　　　　　　　　가시광선　　　　　　　　　파장이 길다

1pm　　　1nm　　　1mm　　1m

자외선　　　적외선

X선

γ선

자외선　　　　　　　　　　　　　　　　적외선

380nm　　　　　　　　　　　780nm

무지개색의 띠를 빛의 스펙트럼이라고 부른다. 가시광선의 청자색(보라색) 바깥에 있는 전자파이기 때문에 자외선이라고 부르며, 빨간색 밖에 있는 전자파이기 때문에 적외선이라고 부른다. 인간은 자외선도 적외선도 보는 것은 불가능하다.

파장

전자파의 파장은 파도의 꼭대기에서 꼭대기까지의
길이를 말한다.

○ **단파장**
약 380~500nm, 주로 청색

○ **중파장**
약 500~600nm 주로 녹색

○ **장파장**
약 600~780nm 주로 적색

P O I N T 왜 색은 원형으로 연결되어 보일까?

청자색(보라색)과 빨간색은 물리적으로 가장 먼 위치에 있는데도 연결되어 보이는데요(색상환), 이것은 뇌에서 빨간색을 감지하는 부분과 보라색을 감지하는 부분이 서로 이웃하고 있고 양자를 구분하는 막이 다공성(구멍이 뚫려 있는 상태)이기 때문입니다.

추체

⊙ 색은 눈으로 감지하고 뇌에서 만든다

그러면 색은 어디에 있을까?

이렇게 질문을 하면 물체의 색을 빛에 의해 보고 있다고 생각할지 모르지만 물체는 특정 전자파를 반사·흡수하는 성질이 있을 뿐이다. 사실 우리는 반사·흡수된 빛을 눈으로 감지하여 전기신호로 뇌에 보내면 뇌에서 색을 인식하고 있다. 즉 색은 눈으로 감지하여 뇌에서 만들어낸다고 할 수 있다.

⊙ 색을 감지하는 추체

눈은 카메라와 비슷한 구조로 되어 있어, 렌즈에서 들어온 빛이 망막에 상을 맺는다. 망막에는 색을 감지하는 추체와 빛을 감지하는 간체라는 시세포가 있다. 추체는 밝은 곳에서 작동하고 빛 스펙트럼 안에 있는 특정 파장을 인식한다. 단파장을 인식하는 S추체는 주로 파란색을, 중파장을 인식하는 M추체는 녹색을, 장파장을 지각하는 L추체는 빨간색을 인식한다.

색을 감지하는 감각인 색각(色覺)은 개인차가 있는데, 그 원인 중 하나가 이 추체의 영향 때문이다.

색맹인 사람은 빨간색과 녹색을 구별하는 것이 어렵다. 이것은 중파장, 장파장에 강한 반응을 나타내는 M추체와 L추체가 없거나 또는 기능이 약하기 때문이다. 여성 중 색맹인 사람은 1% 미만이라고 알려져 있다.

색과 눈과 뇌의 관계

눈의 구조

신경절 세포
무축삭 세포

맥락막

망막

각막

수정체

초자체
(유리체)

동공

홍채

강막

시신경

L추체(적추체)

간체

M추체(녹추체)

S추체(청추체)

색은 눈 안에서 추체에 의해
감지되고 뇌에 전기신호로
보내진다.

보색 잔상 실험

P O I N T 추체의 기능을 체험해 보자

위의 빨간색 원을 20초 동안 본 후 오른쪽 흰색 부분의 점으로 시선을
옮겨보세요. 그러면 파란색 동그라미가 떠오릅니다. 이것은 보색 잔상
현상인데요, 빨간색을 계속 봐서 L추체가 피로해져서 사용하지 않는 S
추체의 영향을 받아 빨간색의 보색인 파란색이 떠오르는 거랍니다.

간체

◉ 빛에 반응하는 간체

간체는 색에는 반응하지 않고 명암만을 감지한다. 추체가 반응할 수 없을 정도로 밝기가 없어도 간체는 활동할 수 있다.

한편, 간체는 아주 희미한 빛에도 반응할 수 있지만 색을 감지할 수는 없다. 어두운 곳에서는 형체를 안다고 해도 색을 알 수 없는 것은 그 때문이다. 간체에는 로돕신(rhodopsin)이라는 물질이 빛을 흡수하고 그것을 분자 구조로 정보 변환하는 역할을 한다.

◉ 암순응과 명순응

영화가 상영 중인 어두운 영화관에 들어가면 처음에는 아무것도 보이지 않지만, 잠시 있으면 내부의 모습이 어렴풋하게 보이기 시작한다. 눈이 어둠에 익숙해지는 이 현상을 암순응이라고 한다. 간체는 로돕신의 축적에 의해 감도를 얻는다. 로돕신이 축적될 때까지 일정한 시간이 걸리기 때문에 눈이 익숙해질 때까지 시간이 걸리는 것이다.

반대로 어두운 곳에 있다가 밝은 곳으로 나오면 눈이 부셔서 아무것도 보이지 않지만 차츰 눈이 익숙해진다. 이것을 명순응이라고 한다. 어두운 곳에서 축적된 로돕신의 영향으로 밝은 곳에서는 감도가 너무 강해진다. 로돕신은 빛을 받으면 분해되지만 잠시 후면 정상으로 보인다.

로돕신은 축적보다 분해가 더 빨라 암순응은 30분이 걸리기도 하지만, 명순응은 1분 정도로 회복하는 경향이 있다.

암순응과 명순응

갑자기 밝은 곳에서 어두운 곳으로 들어가면 주변이 보이지 않지만 잠시 후에 보이기 시작한다(시간 팽창).

명순응

갑자기 어두운 곳에서 밝은 곳으로 나오면 눈이 부셔서 주변이 보이지 않지만 조금 시간이 지나면 보인다(시간 수축).

덧붙여서 고양이는 야행성이기 때문에 인간의 7분의 1 수준의 빛에서도 어둠을 볼 수 있다고 한다.

POINT 로돕신

로돕신은 옵신(opsin)이라는 단백질과 비타민A인 레티날(레틴알데히드)의 복합체입니다. 비타민A가 부족하면 암부 시력이 떨어지는 야맹증이 되는 것은 그 때문이랍니다. 덧붙여서, 옵신은 피부 안에도 있습니다.

뇌의 처리 · 뇌에서 시각 정보를 처리하는 방법

◉ 색을 보는 뇌의 원리

색채 심리를 배울 때는 크게 다루지 않지만, 색을 보고 원리를 알기 위해서는 뇌의 활동을 살펴볼 필요가 있다.

추체에서 감지되어 전기신호가 된 정보는 뇌의 일차 시각 피질(V1)이라는 곳으로 보내진다. 지느러미 시각 경로로 V1, V2, V3로 진행 위치 및 운동 정보를 인식하고 있다. 색깔과 모양에 관해서는 복부 시각 경로 V1, V2, V4라 불리는 경로를 따라간다. 색에 관해서는 주로 이 V4에서 처리되는 것으로 간주하고 있다. 여기에서는 특정 색에만 반응하는 뇌세포가 안쪽으로 갈수록 다양한 색상에 반응하는 세포가 많아지고 있다.

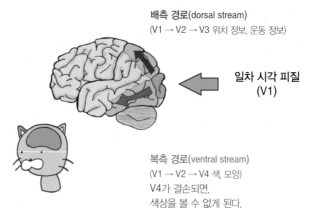

뇌의 정보 처리 경로

배측 경로(dorsal stream)
(V1 → V2 → V3 위치 정보, 운동 정보)

일차 시각 피질 (V1)

복측 경로(ventral stream)
(V1 → V2 → V4 색, 모양)
V4가 결손되면,
색상을 볼 수 없게 된다.

뇌에서의 기능은?

체커 그림자 착시

(에드워드 아델슨 착시)

A와 B는
같은 색일까?
다른 색일까?

다른 색이잖아?

색이 뇌에서 만들어지고 있다고 느끼는 착시현상을 하나 소개한다. 제작한 것은 매사추세츠 대학의 에 드워드 아델슨 교수이다. A와 B가 다른 색으로 보 이는 것은 인접한 색과의 대비효과가 이유 중 하나 이다. 그리고 또 하나는 B는 원주의 그림자가 되어 있기 때문에 그림자 안에 있는 색이므로 어둡다고 뇌가 인식하기 때문이라고 한다(아델슨 2005).

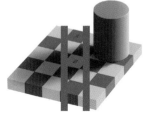

선으로 연결하면 같은 색인 것을
알 수 있다.

POINT 시각야

대뇌피질에 있는 시각을 관장하는 곳입니다. V1은 매우 단순한 처 리를 해서 V2에 보내지고, 그곳에서 V3, V4로 보냅니다. 파란색에 반응하는 세포는 파란색에만 관심을 보이고 다른 색에 반응하지 않 는답니다. 특정 형태에만 반응하는 세포도 마찬가지입니다.

색 탐구의 시작

◉ 고대 이집트의 색채

프랑스의 라스코 동굴과 스페인의 알타미라 동굴 벽화뿐만 아니라 전 세계 고대인은 색에 의미를 부여하고 사용해왔다. 처음에는 예술적 요소보다 주술적 요소가 컸던 배경에서 생각하면 색의 강도를 뭔가에 활용하려고 했던 것을 알 수 있다.

기원전 수천 년 전 고대 이집트에서는 이미 컬러 테라피의 원형이라고도 할 수 있는 색을 사용한 병 치료가 행해졌다고 한다. 색이 있는 빛을 내리쬐고 화려한 보석을 몸에 걸쳐 건강을 얻으려고 했다. 빨강, 검정, 하양, 파랑(녹색 포함), 노랑은 특별한 색이었다. 그중에서도 황금의 대용으로 사용된 노란색, 재생의 상징으로 사용해온 파란색(녹색 포함)은 중요한 색이었다.

기원전 3000년의 고대 그리스에서도 색은 질병을 치료하는 데 사용됐다. 이 시대가 되자 색채는 더욱 풍요로워져 분홍이나 오렌지 같은 미묘한 색도 쓰이게 됐다. 고대 크레타 문명에서도 풍부한 색채와 함께 세련된 색채 문화가 확산됐다.

◉ 색의 연구가 시작됐다

기원전 400년경 고대 그리스의 색은 철학자 플라톤과 제자 아리스토텔레스에 의해 연구되기에 이른다. 그들은 색을 만드는 방법, 혼색에 대해서도 언급하고 있다. 고대 로마에서는 다양한 색재(色材, 색깔을 먹이는 재료)가 발견되어 풍부한 색채 표현이 발전한 것으로 간주한다.

고대 문명과 색의 역사

기원전 3000년

고대 이집트

고대 이집트에서 파란색(녹색을 포함)은 노란색과 함께 중요한 색이었다. 노란색은 황금을 대신하고, 파란색은 하나님이나 죽은 자(死者)에 바치기 위해 특별히 만든 것에 사용됐다고 한다.

헤카
왕권의 상징

나일블루 nileblue
벽화의 문자나 그림에서
볼 수 있는 녹색
C70 M0 Y40 K20
R36 G158 B147
7.5BG 6/8

옐로 오커 yellow oche
천연의 노란색 흙을
안료로 한 색
C19 M37 Y86 K1
R212 G166 B51
2.5Y 6/9

기원전 400년

고대 그리스
플라톤과 아리스토텔레스에 의해서 '색채란 무엇인가?'에 대한 연구가 시작된다.

폼페이안 레드 pompeian red
고대 도시 폼페이의
유적에서 발굴된 빨간색
C19 M94 Y100 K0
R202 G38 B28
7R 5/12

티리언 퍼플 tyrian purple
고동의 일종인 뿔고동으로
만드는 보라색
C0 M70 Y5 K50
R148 G64 B100
6RP 4/6

P O I N T 색의 계곡

이집트의 고대 도시 테베(Thebes)에는 왕가의 계곡이라고 불리는 왕가의 무덤이 밀집한 계곡이 있는데요. 이 근처에 색의 계곡이라 불리는 안료 채굴 장소가 있습니다. 여기에서 빨강, 노랑, 하양의 안료를 구했답니다. 또한 파란색은 자국과 세계를 연결하는 중요한 색이었습니다.

색채 심리의 역사 ❷ 　현대의 색 연구와 색채 심리

◉ 색의 연구가 시작된다

15세기 르네상스 시대가 되자 레오나르도 다 빈치와 미켈란젤로 등의 예술가에 의해 색채 문화가 퍼져나간다. 다빈치는 서적을 통해 색채의 조화론이나 보색 등에 대해서도 설명한다. 특정 색, 흰색, 노란색, 녹색, 파란색, 빨간색, 검은색을 기본색이라고 생각했다.

이 시대는 천연 광물인 청금석에서 채취하는 파란색 안료인 울트라 마린을 진귀하게 여겼다. 원산지 아프가니스탄에서 지중해를 건너온 귀중한 색상이었다. 바다를 건너왔다는 의미에서 울트라 마린이라고 이름 붙었다.

기독교의 그림에서는 성모 마리아의 망토에 사용되어 마돈나 블루라고도 불렸다. 유럽에서는 파란색을 따뜻한 색인 난색으로 여겼던 시기가 있었는데, 이는 성모 마리아의 색이었던 것과 무관하지 않을 것이다.

◉ 색은 과학으로

영국의 물리학자 아이작 뉴턴은 1666년 태양광을 분광해서 스펙트럼을 발견했다. 1704년에는 저서 〈광학〉에서 태양 빛은 다양한 색의 빛이 겹친 것이라고 하는 물리학적 관점에서 색을 규명했다. 같은 무렵, 바로크 화가들은 회화 표현에 빛과 어둠을 대비시킨 명암의 효과를 사용하기 시작했다.

또한 1732년 프랑스에서는 세계 최초로 삼원색 인쇄에 성공한다. 색을 과학으로 설명할 수 있게 된 것이다.

색채 문화의 확산과 색의 연구

15세기

유럽
다빈치와 미켈란젤로 등의
예술가에 의해 색채 문화가
퍼져나간다.

울트라마린(ultramarine)
많은 화가가 이 색으로
성모 마리아의 의상을 그렸다
C98 M62 Y0 K0
R0 G90 B169
6PB 4/14

에메랄드그린(emerald green)
르네상스 시대에 가장
선호한 색이다
C98 M0 Y74 K0
R0 G159 B108
7.5G 6/8

17세기

유럽
뉴턴은 태양빛을 분광해서
스펙트럼을 발견한다. 물리
적으로 색을 밝힌 것이다.

태양빛의 스펙트럼

 프라이머리 컬러 *primary color*

특정색을 전체의 기본색으로 한다는 생각은 아리스토텔레스에게서
시작됐습니다. 다빈치는 6가지 색을 기본색으로 생각했지만, 알베
르티는 빨간색, 녹색, 하늘색, 갈색의 4가지 색을 기본색으로 생각
했답니다. 고전의 원색입니다.

색채 심리학의 탄생

⊙ 주관적인 색채 이론이 생긴다

19세기가 되자 주관적인 색채 현상이 주목받게 된다. 1810년에는 괴테가 〈색채론〉를 발표하고, 색이 사람의 감정에 어떻게 영향을 미치는지에 주목하여 색의 생리 작용과 정서적 작용에 대해 설명했다. 이것은 현대 색채 심리의 초석이기도 하다. 시인으로 유명한 괴테는 색채 연구가로도 활동했다.

또한 헤르만 폰 헬름홀츠Hermann von Helmholtz(1821~1894년, 물리학자, 생리학자)는 토머스 영의 빛의 삼원색 이론을 발전시켜 영=헬름홀츠의 삼색설 등의 색채론이 탄생한다. 프랑스의 과학자 슈브뢸Michel-Eugne Chevreul (1786~1889년)은 염색과 직물을 연구하던 중에 색채 조화, 색채의 법칙을 여러 가지 발견했다. 이것이 현대 색채 조화론의 시초로 알려져 있다.

⊙ 색채 조화론, 색채 심리의 발전

19세기 후반에서 20세기가 되자 루드O.N.Rood(1831~1902년), 오스트발트 Wilhelm Ostwald(1853~1932년), 문&스펜서P.Moon & D.E.Spencer, 이텐Johannes Itten (1888~1967년, 스위스 태생의 색채 교육가), 쥬드 등의 색채 조화론이 속속 발표된다. 색채 표기 시스템도 앨버트 H. 먼셀과 빌헬름 오스트발트에 의해 확립된다.

그 후에도 미국에서는 마케팅과 더불어 색채 심리가 발전했다. 색상과 무게, 성격과 색 기호의 관계 등 본격적인 색채 심리를 연구한 파버 비렌 Faber Birren(1900~88년, 미국의 색채학자)과 루이스 체스킨Louis Cheskin(심리학자이자 디자인 컨설턴트)의 책은 많은 색채 연구자의 교본이 되고 있다.

색채 심리의 발전

19세기

괴테는 뉴턴의 생각을 비판하고 색채가 굴절률이라는 수량적 성질로 설명되는 것에 불만을 드러냈다.

· 괴테는 인간이 받는 느낌에 집착했다.
· 뉴턴은 빛을 연구했지만, 괴테는 색은 빛과 어둠의 경계 부분에 나타난다고 생각했다.

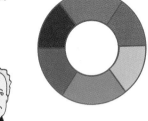

응. 괴테와 옥신각신했구나! (씨익)

20세기

비렌은 컬러 컨설턴트로서 색채 심리 연구를 진행해 발전에 기여했다.

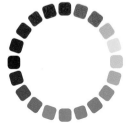

5R 4/14

먼셀 표색계 등이 발표된다.

P O I N T 파버 비렌 Faber Biren

1900~1988년. 과학적 색채 연구의 전문가로서 색채와 인간의 반응에 대한 연구를 했습니다. 최초의 컬러 컨설턴트인 그는 대기업 및 정부기관의 컨설턴트로 활동을 했다네요.

색채 심리의 역사 ④ 색채 심리학과 심리학

⊙ 독자적인 발전을 이룬 두 학문

역사를 따라가면 보이는 것처럼, 색채 심리학은 심리학에서 분리됐다기보다는 독자적인 노선으로 발전해왔다. 색에 관한 연구는 인류와 함께 했다고 해도 좋을 정도로 오래전부터 시작됐지만, 색을 통해 마음을 보거나 색이 마음에 미치는 연구를 한 역사는 최근의 일이라고 한다.

심리학의 역사는 플라톤과 아리스토텔레스까지로 거슬러 올라가는데, 그로부터 심리학을 물질(몸)과 정신(마음)으로 구별하는 실체 이원론을 주장한 데카르트, 심리학이라는 학문을 낳은 분트, 행동주의를 제창한 존 왓슨, 정신 분석의 창시자 프로이트, 분석 심리학의 융, 개인 심리학의 아들러로 이어진다. 그동안 색채 심리학과 심리학은 크게 교차하는 부분이 없었다.

⊙ 현대의 색채 심리와 심리학

현대에서도 색채 심리학과 심리학은 각기 다른 연구자나 단체가 연구하고 있는 경우가 많으며, 이 두 가지를 동시에 활용하면서 사람의 마음을 개선하고 분석하고자 하는 연구자는 지극히 적은 것이 현실이다.

하지만 색의 취향과 성격의 관계가 밝혀지면서 무의식과 색채의 영향력, 색채 치료 등 색채 심리학과 심리학은 뗄 수 없는 부분이 있는 것으로 인식되고 있다.

색채 심리학과 심리학

색채 심리학과 심리학 개요 연표

기원전 4세기

플라톤
(BC427~347년경)
마음은 죽어도 남는다

아리스토텔레스
(BC384~322년경)
지식은 심장에 저장된다

16세기·17세기

데카르트
(1596~1650년)
플라톤의 생각을 계승한다

뉴턴
(1642~1727년)
색상을 과학적으로 해명

18세기·19세기

분트
(1832~1920년)
실험으로 심리를 규명한다

괴테
(1749~1832년)
색채 심리학의 기초를 다진다

프로이트
(1856~1939년)
정신 분석·무의식

융
(1875~1961년)
무의식을 추구한다

인지 심리학
성격 심리학

20세기

아들러
(1870~1937년)
개인 심리학

체스킨
(1907~1981년)
마케팅

비렌
(1900~1988년)
색채 연구가

   POINT 인지 심리학

심리학의 기초 심리학 장르의 하나입니다. 연구 분야는 크게 지각, 기억, 생각, 언어 같은 사람의 인지에 관한 심리를 다룹니다. 색채 심리와도 관련이 깊어 인지 심리학의 지식은 색채 심리를 배우는 데 있어서도 중요하답니다.

색의 기본 ❶ 순색, 청색, 중간색과 톤

⊙ 순색, 청색, 중간색

여기부터는 색채 심리를 배우는 데 있어서 알아둬야 할 색의 기본을 소개한다. 유채색의 각 색상 중에서 가장 선명한 색상을 순색이라고 한다. 순색에 흰색을 더한 색을 명청색, 검은색을 더한 색을 암청색이라고 한다. 흰색과 검은색을 더한 색을 중간색이라고 한다.

색을 설명할 때 '톤이 밝다, 비비드톤'이라고 표현한다. 톤은 명도와 채도를 조합한 표현으로 밝다, 어둡다, 짙다, 연하다, 엷다, 깊다와 같은 단어로 색의 상태를 표현한다. 아래 그림은 명도와 채도의 이미지를 정리한 것이다. 색상이 바뀌어도 동일한 이미지를 제공하기 때문에 사용하기 쉬운 표현이다.

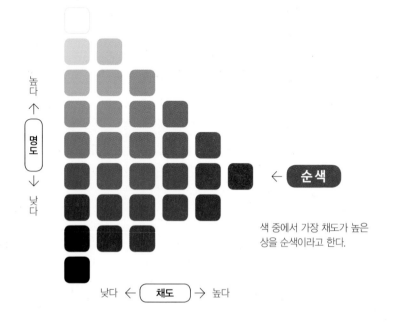

높다 ↑ 명도 ↓ 낮다

← 순색

색 중에서 가장 채도가 높은 상을 순색이라고 한다.

낮다 ← 채도 → 높다

순색, 청색, 중간색

청색과 중간색

순색에 흰색을 더한 색을 명청색이라고 하다. 순색에 검은색을 더한 색을 암청색이라고 한다. 둘을 더해 중간에 있는 색을 중간색이라고 한다.

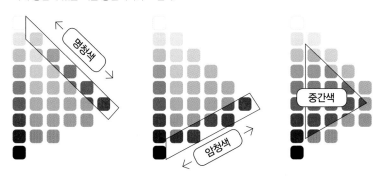

톤(대표적인 것)

톤은 명도와 채도를 조합한 표현. 패션 업계에서 많이 사용한다. 색채 단체에 따라서 사용하는 명칭과 약어는 차이가 있으므로 혼동하지 않도록 주의해야 한다.

들어본 적 있어

비비드톤 vivid tone
채도가 가장 높은 선명하게 보이는 톤

다크톤 dark tone
어른스럽고 원숙한 이미지의 톤

페일톤 pale tone
가볍고 옅고 밝다고 표현되는 톤

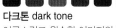

그레이시톤 grayish tone
차분하고 은은한 이미지의 톤

POINT 비비드와 비타민 컬러

비비드는 '화려한, 선명한'의 의미로 생동감 있는 색을 표현한답니다. 여기에서 생명력 넘치는 선명한 것에 사용하지요. 비타민 컬러는 감귤류에 볼 수 있는 노란색과 오렌지색으로 선명한 색상을 가리킵니다.

혼색 CMY와 RGB

색을 혼합하여 다른 색을 만들 수 있다. 이를 혼색법이라고 하며, 기본이 되는 색을 섞어 만든다. 빨강, 초록, 파랑을 색의 삼원색이라고 하며, 이 세 가지 색으로 기본적으로 거의 모든 색을 만들 수 있다.

⊙ CMY(감법혼색)

혼합하면 혼합할수록 어두워지는 혼색이 감법혼색이다. 원색은 시안Cyan(녹색에 치우친 파란색), 마젠타Magenta(보라색에 가까운 빨강), 옐로Yellow(노란색)의 세 가지 색을 말한다. 머리글자를 따서 CMY로 표기하고 인쇄에서 색을 만드는 원리이기도 하다.

각 원색은 가시광선의 3분의 1을 흡수한다. 시안은 빨간색 영역, 마젠타는 녹색 영역, 옐로는 파란색 영역이다. 예를 들어, 시안과 옐로를 결합하면 남겨진 흡수하지 않는 녹색이 보인다. 그리고 세 가지 색을 결합하면 모든 색을 흡수하기 때문에 검은색으로 보인다.

그렇다고 해도 순수하게 흡수할 수 없기 때문에, 인쇄할 때는 색의 머리글자와 검은색(K)을 첨가하여 CMYK가 일반적으로 사용된다. K는 키 플레이트key plate라는 인쇄물에서 유래하고 있다.

⊙ RGB(가법혼색)

혼합하면 혼합할수록 밝아지는 혼색을 가법혼색이라고 한다. 원색은 빨강Red(레드), 그린Green(녹색), 블루Blue(파랑)의 삼색을 말한다. 이 세 가지 색을 합성하면 흰색이 된다. 머리글자를 따서 RGB로 표기하고, 색이 있는 여러 개의 스포트라이트를 겹치면 밝게 보이는 것은 이 원리이다.

CMY와 RGB의 차이

CMY(감법혼색)

프린터, 인쇄 등의 원리는
CMY가 기본이다(감법혼색
과 병치혼색(병치혼합 또는
병치가법혼색)을 조합한 것).

M : 마젠타
C0 M100 Y0 K0

C : 시안
C100 M0 Y0 K0

Y : 옐로
C0 M0 Y100 K0

RGB(가법혼색)

TV나 컴퓨터 화면 등의
원리는 RGB가 기본이다
(병치혼색).

G : 그린
R0 G255 B0

R : 레드
R255 G0 B0

B : 블루
R0 G0 B255

POINT 원색

혼합하여 다른 색상을 만들 수 있는 서로 독립적인 색을 말합니다.
일반적으로 화려한 색을 원색이라고 하는데, 색채의 세계에서 근원
이 되는 색을 말한답니다. 색상 중에서 가장 채도가 높은 순색과 혼
동하기 쉬우므로 주의하세요.

말로 전달한다(기본색)

⊙ 색을 표시하고 전달하는 방법

색에는 색상, 명도, 채도의 세 가지 요소가 있다. 따라서 정확하게 전달하기 어려운 정보이다. 예를 들어, 당신이 연두색을 상상하고 그 색상을 친구에게 전하고 싶다고 하자. 하지만 당신과 친구가 상상하고 있는 연두색은 다를지도 모른다. 색상도 밝기도 강도도 '연두색'만으로는 전해지지 않는다. 이런 일을 방지하기 위해 색에는 표현하는 몇 가지 방법이 있다.

크게 나누면 두 가지 방법이 있다. 언어를 이용한 방법과 숫자나 기호를 사용하여 표현하는 방법이다. 전자의 대표적인 것은 기본색, 고유색명, 관용색명, 계통색명이다. 한편, 후자에는 CMYK 표기와 먼셀 표색계가 있다.

⊙ 기본색

기본적으로 사용되는 색은 무채색과 유채색으로 나뉜다. 한국의 KS에 규정한 빨강, 주황, 노랑, 연두, 초록, 청록, 파랑, 남색, 보라, 자주를 기본색명으로 사용하고 있다. 2003년 12월에 개정된 KS A0011 물체색의 이름 중 기본 10가지 이름에 추가된 유채색은 분홍과 갈색이다. 무채색은 하양, 회색, 검정을 표준으로 사용하고 있다. 우리나라는 미국의 ISCC-NIST 색명법을 사용하고 있다. ISCC(전미국색채협의회)-NIST(전미국국가표준)에 의해 1939년에 제정된 계통색명법이다. 먼셀의 색입체에 위치하는 색을 267개의 단위로 나누고, 5개의 명도 단계와 7개의 색상으로 총 13개를 기준으로 톤의 형용사를 붙여 색을 구분하고 있다.

문자와 숫자로 색을 표현한다

색을 잘못된 방법으로 전달하면 생각했던 색과 다를 수 있다.

문자로 표현한다

① 빨간색 (기본색)
기본색의 색으로 표현하면
빨간색이 가까운 색이다.

② 딸기 (고유색명)
학명은 딸기색이라고도 불
린다.

③ 선명한 빨간색
(계통색명)
밝기와 색상에 대한 수식어
와 색을 결합시킨다.

수치로 표현한다

④ C0 M90 Y40 K10
(CMYK 표기)
각 값 0~100 사이에서 배
정된다. 합성해서 색을 만
든다.

⑤ R216 G48 B92
(RGB 표기)
각 값 0~255 사이에서 배
정된다. 합성해서 색을 만
든다.

⑥ 1R 4/14 (먼셀 표색계)
영문자와 세 개의 숫자를
조합해서 표현한다.

P O I N T **ISCC-NIST System**

1939년에 미국전미색채협의회(ISCC)와 미국국립표준기술연구소(NIST)에
의해 고안된 색명법으로 미국에서 통용되는 일반 색명을 정리한 것입니다.
먼셀의 색을 267개의 색 이름으로 세분화하여, 일곱 가지 기본색과 세 가
지 보조 색상, 다섯 단계의 명도, 수식용 형용사로 부르게 만들었습니다.

말로 전달한다
(고유색명·관용색명·전통색명)

◉ 고유색명·관용색명

고유색명은 꽃 도라지의 색상을 도라지 색깔로 부르는 등 꽃, 동물, 광석, 자연물(상태)의 특징적인 색깔에서 붙여진 이름이다. 고유색 중에서 일상적으로 사용되는 색을 관용색이라고 한다. 장점으로 가까이에 있는 색상이므로 쉽게 이미지할 수 있다. 단점으로는 규격은 있지만 상업계에서 는 독자적인 색깔로 자유롭게 사용되고 있을 수 있다. 이 책에서는 규격에 얽매이지 않고, 일반적으로 사용되는 색상을 지정하고 있다.

◉ 전통색명

고유색 중에서 오래전부터 사용되어 온 것을 전통색이라고 부르기도 한다. 전통색은 아스카 시대부터 무로마치 시대까지 사용된 오래된 색상과에도 시대 이후에 탄생한 비교적 새로운 색상이 있다.

◉ 알고 싶은 특정색명·관용색명

특정색명과 관용색명은 많아서 사용 방법이 매우 자유롭고 규정도 없다. 어떤 참고서를 선택하는지에 따라 색상이 다르다. 이 페이지는 실제로 상업적으로 사용되는 쓰임새를 고려하여 혼동하기 쉬운 색상의 특징을 정리한다. 고유색상과 관용색은 여기에 주목하기 바란다.

혼동하기 쉬운 특정색명과 관용색명

베이지
연한 갈색의
총칭으로
사용된다.
C0 M10 Y30 K10
R237 G219 B179
10YR 8/3

아이보리
상아색을 말하며
전 세계에서
사용된다.
C0 M1 Y12 K5
R248 G245 B227
2.5Y 9/2

크림옐로
유제품인 크림에서
유래하는 노란색
C0 M5 Y35 K0
R255 G243 B194
4Y 9/4

**남빛이 도는
보라색**
무사시노의
보라색 잔디로
물들인 보라색
C60 M72 Y0 K12
R115 G78 B148
2.5P 4/7

**약간 불그스름한
자주색**
자초로 물들인
붉은 기를 띠는
보라색
C62 M84 Y33 K10
R116 G61 B109
7.5P 3/6

아이보리와 크림옐로는 옅은 노란색으로 혼동하기 쉬운
데, 크림옐로가 조금 더 진한 색이다.

라일락
라일락색에서 채취한 적색
의 보라색
C29 M57 Y0 K0 (오른쪽)
R187 G128 B180
5P 6/8

라벤더
라벤더색에서 채취한 푸른
보라색
C42 M49 Y2 K5 (오른쪽)
R156 G132 B182
2.5P 6/8

관용색(왼쪽)에서는 거의 차이가 없지만 상업적으로 사용
되고 있는 시장색(오른쪽)에는 차이가 있다. 라일락은 옅은
적자색, 라벤더는 옅은 청자색으로 쓰인다.

어느 쪽이
잘 어울려?

※p.41의 라일락과는 색상을
바꿨습니다

P O I N T 컬러는 점으로 생각하지 않는다

고유색, 관용색은 성장 과정에서 점으로 파악해서는 안 됩니다. 새
싹의 잎을 생각해보세요. 잎의 색은 연두색에 치우친 색도 있는가
하면 녹색에 가까운 색도 있지요. 색은 범위로 파악하고 자유롭게
사용하면 된답니다.

먼셀 표색계

⊙ 세 가지 속성을 수치화한다

색을 정량적으로 표현하는 표색계는 오스트발트 표색계와 색상과 톤으로 파악한 PCCS 등 여러 가지가 있다. 여기에서는 가장 사용하기 쉽고, 국제적으로 통용되는 먼셀 표색계를 설명한다.

먼셀 표색계는 색상, 명도, 채도를 세밀하게 수치화하고 있기 때문에 정확한 색상을 지정할 수 있다.

⊙ 색상, 명도, 채도

색상은 Hue라고 하며 R(빨강), Y(노랑), G(녹색), B(파랑), P(보라)와 그 중간 단계의 총 10가지 색상으로 표현한다. 각 색상을 10등분하여 표현한다.

밝기는 Value이다. 가장 어두운 색상을 1, 가장 밝은 값을 9.5로 한다(이론에서는 10, 실제로는 9.5).

채도는 Chroma이다. 가장 둔탁한(회색이 많다) 채도는 0이고, 채도의 최댓값은 색상에 따라 다르다. 5R(빨간색)은 14이지만 5BG(청록색)는 10밖에 되지 않는다. 채도의 수치가 같아도 강도가 다르게 느껴지는 일이 있다.

유채색은 '색상 명도/채도'의 순으로 표현한다. 녹색은 '5G 5/12'이다. '5G 5/8'이라는 숫자를 봐서는 동일한 색상이라도 채도가 낮은 색이라고 이해할 수 있다.

무채색은 'N'과 숫자를 조합하여 표현한다. N5는 중간 밝기, N8은 밝은 회색임을 알 수 있다.

먼셀 표색계 보는 방법

색상

각 색상을 10분할하여 1~10까지의 숫자를 기호 앞에 붙여 세분화하고 있다.
너무 세분화하여 구별되지 않을 때는 2.5 단위로 나타낼 수도 있다.

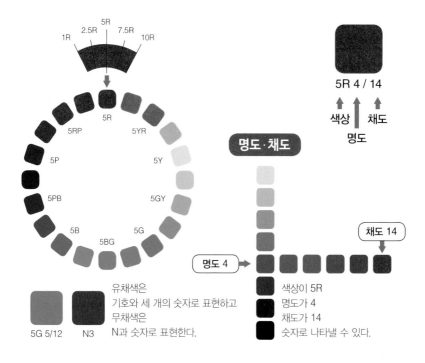

5R 4 / 14

색상 ↑ | ↑ 채도
명도

명도·채도

채도 14

명도 4

색상이 5R
명도가 4
채도가 14
숫자로 나타낼 수 있다.

5G 5/12   N3

유채색은
기호와 세 개의 숫자로 표현하고
무채색은
N과 숫자로 표현한다.

POINT 앨버트 H. 먼셀

미국의 미술 교사이자 화가입니다. 애매하고 오해를 불러일으킬 소
지가 있는 색을 합리적으로 표현하고 싶은 마음에 색을 수학적으로
표현한 시스템을 1905년에 발표했습니다. 사후에 미국광학협회가
수정한 수정 먼셀 표색계가 현재 널리 사용되고 있습니다.

면적효과와 보색

◉ 면적효과

색은 조건이 변화하면 외관이 바뀐다. 놀랍게도 크기에 따라서 인상이 변화하는 경우가 있다. 색은 면적이 커지면 명도와 채도가 높다고 느끼는 경향이 있다. 색은 클수록 밝고 선명하게 다가온다. 이 효과를 알아두면 커튼이나 벽지를 고를 때 도움이 된다.

◉ 심리 보색과 물리 보색

색은 주변의 다른 색에 영향을 받으면 외관이 변화할 수 있다. 어떤 색을 보다가 다른 색을 보면 이상한 현상이 일어난다. 127페이지에서 소개한 잔상 보색 등이 그 예이다. 잔상 보색으로 보이는 색을 심리 보색이라고 한다. 오른쪽 페이지에 몇 가지 예를 실었으니 실제로 해보기 바란다.

심리 보색은 주의가 필요한데, 어느 정육점이 가게의 벽을 크림옐로로 칠했는데, 이 색을 본 후 청자색의 잔상이 나타나고, 그 상태에서 고기를 봤기 때문에 신선도가 떨어져 보여 매출이 떨어졌다는 사례가 보고된 바 있다.

잔상이 아니라 직접 보색을 사용하여 제품의 품질을 더 좋게 보이게 할 수도 있다. 예를 들어, 붉은색 참치 회와 녹색 깻잎은 보색 관계에 가까운 색의 조합이다. 깻잎의 녹색 보색 효과로 참치 살코기가 더 신선하고 맛있게 보인다. 먼셀 표색계에서 색상환의 반대편에 있는 색끼리는 보색 관계에 있다. 이를 물리 보색이라고 한다.

조건에 따라 변화하는 색

면적효과

면적이 커지면 밝고 선명하게
느끼는 경향이 있다.

보 색

심리 보색

왼쪽의 도안을 20초 정도 쳐다본 후
오른쪽으로 시선을 옮기면 색이 떠오
른다.

물리 보색

혼색하면 무채색이 되는 두 색. 일반
적으로는 색상환의 반대편에 있는 색
끼리 조합한 것(표색계에 따라서는 다르
기도 하다). 서로를 돋보이게 하는 효
과가 있다.

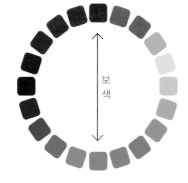

보
색

대비효과(동시 대비)

⊙ 대비효과(동시 대비)

인접한 색끼리 또는 배경색의 영향 등 여러 가지 색을 동시에 보면 색이 다르게 보이는 것을 동시 대비라고 한다. 일반적으로 대비라고 하면 동시 대비를 말한다.

다음과 같은 대비가 동시에 일어난다.

●색상 대비

주위에 있는 색과 인접한 색의 차이가 강조되어 보이는 대비현상이다. 상대의 색과 반대되는 색상(색상환에서)으로 어긋나 보인다. 두 개의 색을 늘어놓으면 색상과 색상은 반발하는 방향(역방향)으로 떨어져 보인다. 이때 면적이 적은 쪽의 색상이 어긋나 보이는 것이다.

●밝기 대비

주위에 있는 색과 인접한 색의 명도 차이가 강조되어 보이는 대비현상이다. 상대의 명도와 반대되는 명도(상대가 밝으면 어둡다)가 된다.

두 개의 색을 나란히 놓으면 명도와 명도는 반발하는 방향(반대의 명도)으로 떨어져 보인다. 이때 면적이 적은 쪽의 명도가 어긋나 보이는 것이다.

●채도 대비

주위에 있는 색과 인접한 색의 채도의 차이가 강조되어 보이는 대비현상이다. 상대의 채도와 반대인 채도(상대방이 둔한 경우 밝은)가 된다.

두 개의 색을 나란히 놓으면 채도와 채도는 반발하는 방향(반대의 선명함)으로 떨어져 보인다. 이때 면적이 적은 쪽의 채도가 어긋나 보이는 것이다.

대비에 의해 변화하는 외관 ①

색상 대비

중심의 황등색은 빨간색 배경과 노란색 배경에 따라 다른 색으로 보인다. 황등색(색상환의 회색 화살표가 가리키는 색)은 배경색의 영향으로 빨간색 배경일 때는 노란색에 치우쳐서, 노란색 배경일 때는 빨간색에 치우쳐서 보인다.

명도 대비

중심의 회색은 배경색의 영향으로 명도가 달라 보인다. N5(회색 화살표가 가리키는 색)는 배경색의 영향을 받아 검은색 배경일 때는 밝게 보이고, 옅은 회색 배경일 때는 명도가 낮아 보인다.

   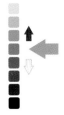

채도 대비

중심의 갈색은 배경의 영향으로 채도가 달라 보인다. 갈색(회색 화살표가 가리키는 색)은 배경색의 영향으로 진한 갈색 배경일 때는 선명하게, 빨간색 배경일 때는 칙칙해 보인다.

대비효과(연변 대비)

⊙ 대비효과(연변 대비)

색과 색이 접하는 부분에 나타나는 대비효과를 연변 대비라고 한다. 인접한 부분이 강조되어 없는 것이 보인다.

● 슈브뢰이(chevreul) 착시

명도가 다른 무채색의 사각형을 늘어놓으면 접하는 부분에 밝은 부분과 어두운 부분이 퍼진다. 인접한 부분은 자신보다 명도가 높은 부분은 낮은 명도로, 명도가 낮은 부분은 높은 명도로 보이는 현상이다.

● 헤르만 격자(hermann grid)

검은색 정사각형을 나열하면 흰색 부분이 교차된 사거리에 검은 그림자가 보인다. 흰색 부분은 검은색과 접하고 있기 때문에 밝기가 강조되지만 교차하는 중앙 부분은 대비효과의 영향을 받지 않으며, 그 결과 검게 보이는 것이다.

● 에렌슈타인(ehrenstein) 착시

가로와 세로로 선을 그어 교차하는 부분을 빼면 마치 흰색 테두리가 있는 것처럼 보인다.

● 네온 컬러 현상

가로와 세로 선을 긋고 교차하는 부분에 옅은 색의 선을 그으면 희미한 둥근 모양이 퍼져 보인다.

● 리브먼(liebman) 효과

명도 차이가 거의 없는 유채색을 격자 모양으로 두면 눈이 반짝거려서 경계를 알 수 없다. 디자인을 만들 때 알아두면 편리한 효과이다.

대비에 의해 변화하는 외관 ②

슈브뢰이 착시

인접한 부분에 명도의
변화가 나타나는 것을
볼 수 있다.

에렌스타인 효과

수직선과 수평선의 교차 부분을
흰색으로 두면 그 부분에 흰색 테
두리가 있는 것처럼 보인다.

헤르만 격자

흰색 선이 교차하는 십자로에 검
은색 그림자가 보인다.

리브먼 효과

명도 차이가 없는 색끼리 조합하
면 경계가 명확하지 않고 반짝반
짝 빛나 보인다.

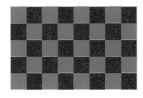

네온 컬러 효과

수직선과 수평선의 교차 부분에
색을 칠하면 색이 없는 주위에 희
미한 색이 있는 것처럼 보인다.

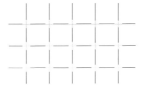

색의 시각적 효과 ④

동화효과

⊙ 동화효과

대비효과와는 반대로 인접 또는 접촉하는 색을 보다 가까운 색으로 변화시키는 현상을 동화라고 한다. 색상의 폭이 굵으면 대비, 가늘면 동화가 일어난다.

●색상의 동화

위에 가는 선을 그으면 배경색의 영향으로 그은 색의 색상과 동화해서 보인다.

●명도의 동화

색 위에 가는 선을 그으면 배경색의 영향으로 선의 명도와 동화해서 보인다.

●채도의 동화

색에 가는 선을 그으면 배경색의 영향으로 선의 채도와 동화해서 보인다.

색상 동화

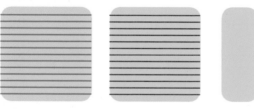

노란 배경색 위에 녹색과 빨간색의 얇은 선을 긋는다. 녹색과 빨간색의 동화현상에 의해 노란색 선의 색상에 가까운 색으로 느껴진다.

채소와 과일의 그물망은 동화효과에 의해서 신선하게 보이게끔 한 것이다.

동화에 의해 변화하는 외관

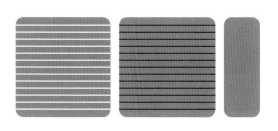

명도 동화

회색 배경 위에 흰색과 검은색의 가는 선을 긋는다. 흰색과 검은색의 동화현상에 의해 회색 배경이 선의 명도에 가까운 색으로 느껴진다.

채도 동화

보라색 배경 위에 채도가 다른 가는 선을 긋는다. 동화현상에 의해 보라색 배경이 선의 채도에 가까운 색으로 느껴진다.

대비	동화	혼합

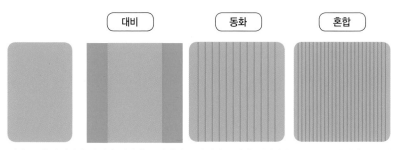

선의 폭이 넓어지면 대비가 일어나고 간격이 좁아지면 동화가 일어난다. 포포 포로덕션이 조사한 결과에서는 도안의 간격이 10mm를 넘으면 대비가 일어나고, 간격이 3~4mm 이하가 되면 동화가 일어난다. 또한 폭을 좁게 해서 멀리서 보면 색이 섞여 있는 것처럼 보인다.

색의 시각적 효과 ⑤　　시인성과 유목성

⊙ 시인성

색의 효과 중에서 시인성은 평소 자주 사용되는 단어이다. 시인성이란 멀리서도 색이 잘 보이는 성질을 말한다. 간판이나 표지판 등이 눈에 쉽게 띄는 성질을 말한다.

시인성을 높이기 위해 중요한 것은 대상이 되는 색과 배경색의 명도 차이다. 명도 차이가 클수록 시인성이 높아진다. 어린이용 노란색 비옷은 흐린 날씨(명도가 낮은 흐린 모양)와 밝은 노란색이 겹쳐서 시인성을 발휘한다.

건널목의 차단기는 전천후로 보이기 쉽도록 검은색과 주황색이 교차하는 무늬로 제작되어 있다. 위험을 알리는 빨간색을 사용하는 것보다 시인성이 높은 검은색과 노란색이 기능적이기 때문이다.

⊙ 유목성

유목성은 대상의 차이를 빨리 찾아내는 효과이다. 간단하게 말하면 눈에 띄는 성질을 말한다. 순식간에 상대방에게 메시지를 전달해야 하는 위험이나 비상 상황을 알릴 때 유목성이 높은 색을 사용한다. 유목성이 높은 색은 무채색보다는 유채색, 한색보다는 난색, 낮은 채도보다는 높은 채도의 색이다. 색조로 말하면 선명한 빨간색이 가장 유목성이 높은 색이라고 할 수 있다. 생활 속에서는 금지나 정지 표지판 및 소화기의 안내 등은 선명한 빨간색을 사용한다.

시인성은 뭔가를 찾을 때 멀리서도 눈에 확 들어오는 것이고 유목성은 아무것도 찾고 있지 않는데도 눈에 확 띈다는 의미가 있다.

눈에 확 띄는 색

시인성

노란색과 검은색의 조합이다.
건널목은 멀리서도 잘 보인다.

노란색 비옷은 배경이 흐릿해지면 높은 시인
성을 발휘한다.

검은색 배경일 때 시인성이 높은 색. 특히 노란
색은 월등히 높다.

일본의 국토교통성이 실시한 시인성 실험에서 흰색 바탕일 때 검은색 문자가 가장 시인성이 높았다.
배경색의 색 인지는 개인차가 매우 큰 것으로 나타났다.

유목성

중지, 금지, 위험 등을 알리는 사인은
유목성이 높은 빨간색이 사용된다.

소화기의 빨간색은 유목성이 높기 때
문에 바로 찾기 쉽다.

색의 시각적 효과 ❻ — 식별성, 가독성, 명시성

⊙ 식별성

색에는 어느 색과 조합하느냐에 따라서 잘 보이는 색과 잘 보이지 않는 색이 있다. 색의 식별성이란 많은 색 중에서 색 구별의 용이성, 대상의 차이를 인식할 수 있는 특성을 말한다.

일상생활에서 자주 접하는 것이 지하철 노선도. 대도시에서는 여러 노선이 달리고 있어 서로 겹쳐 있다. 설령 겹쳐 있다고 해도 알기 쉬운 색상으로 구분하지 않으면 안 된다. 이 색의 선정에도 규칙이 있다. CIE(국제조명위원회)가 권장하는 식별성이 좋은 색의 조합은 5색이면 빨강, 초록, 노랑, 파랑, 하양이다.

식별성은 유니버설 디자인에도 활용되고 있다. 또한 유로 지폐의 €10, €20, €50, €100는 비슷한 크기의 지폐를 구별하기 쉽도록 빨강, 파랑, 오렌지, 녹색의 따뜻한 색, 차가운 색이 연속하지 않도록 한 것이다.

⊙ 가독성과 명시성

가독성은 인지적인 의미에서는 색에 의해서 문자가 얼마나 쉽게 읽히는가 하는 정도를 말한다. 흰색 바탕에 검은색 문자는 우리에게 익숙하다는 효과가 크지만 흰색과 검은색의 명도 차이로 문자를 쉽게 읽을 수 있다.

명시성은 다소 생소한 단어이지만 두 색을 대비시켰을 때 멀리서도 잘 보이는 성질을 말한다. 시인성과 유목성이 찾을 때까지를 기준으로 하는 반면, 명시성은 찾고 나서의 이해도를 기준으로 한다.

구별하기 쉬운 색

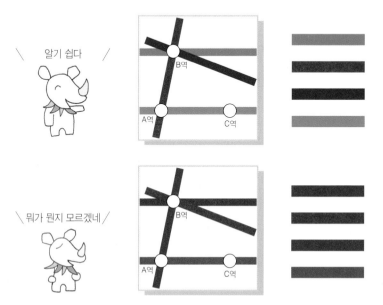

알기 쉽다

뭐가 뭔지 모르겠네

색에는 식별이 용이한 색과 그렇지 않은 색이 있다. 식별성을 높이려면 색상을 가능한 한 떨어뜨려 사용하도록 한다.

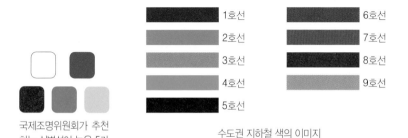

국제조명위원회가 추천하는 식별성이 높은 5가지 색

1호선	6호선
2호선	7호선
3호선	8호선
4호선	9호선
5호선	

수도권 지하철 색의 이미지

색온도, 연색성

◉ 색과 온도의 관계

색채를 배우는 사람이 신경 쓰는 것 중 하나가 색과 온도의 관계이다. 최대한 쉽게 설명해보겠다. 우리는 빨간색, 주황색, 노란색을 따뜻한 색 (난색), 파란색, 청자색을 차가운 색(한색)이라고 느낀다. 이것은 심리적 감각이지, 물리적으로는 잘못됐다.

물리적인 색온도는 켈빈(K) 단위로 표시한다. 우리가 사용하는 0도는 켈빈으로는 273.15K이다. 가상의 물체 '흑체(黑體)'를 가열할 때 일어나는 색의 추이를 본다는 독특한 개념으로 만들어져 있다. 흑체를 석탄이라고 가정하고 이를 가열한다고 해보자. 그러면 약 1500K에서 주황색이 된다. 더 가열하면 약 3200K에서 노란색으로 바뀌고 다시 약 5800K에서는 흰색이 된다. 계속 더 가열하면 파르께한 색이 된다. 이것이 물리적인 색과 온도의 관계이다.

◉ 연색성

물체의 색은 조명에 따라서도 외관이 바뀐다. 이것을 연색성이라고 한다. 태양 빛 아래에서 보는 색과 실내의 조명 아래에서 보는 색은 다르다. 조명의 색온도가 낮으면 따뜻하게 느끼고, 반대로 높으면 시원하게 느낀다. 전구색의 색온도는 약 3000K, 따뜻하고 부드러운 난색 계열의 색이 가미되어 있는 것처럼 보인다. 주백색의 색온도는 약 5000K. 자연의 태양에 가까운 색이 난다. 주광색의 색온도는 약 6500K. 푸른빛을 띤 밝은 색이 된다.

색과 온도의 관계

색온도

빛의 색 변화를 수치(K)로 나타낸 것이 색온도

오렌지	노랑	하양	청백	파랑

촛불	일출 1시간	낮의 태양	구름 낀 하늘	맑은 하늘
2000K	3500K	5300K	7000K	12000K

(색온도는 대략적인 수치이다)

연색성

주백색 : 색온도 약 5000K
자연스러운 흰색

전구색 : 색온도 약 3000K
따뜻함이 느껴지는 색

주광색 : 색온도 약 6500K
산뜻한 푸른빛을 띤 흰색

항상성

⊙ 크기의 항상성

보고 있는 물체까지의 거리가 변화하면 외형(망막에 비친 상)의 크기는
달라진다. 그런데 사람은 시각을 자동 수정해서 크기를 추측하고 있다.
예를 들어 사진 속에 자동차와 사람이 있으면, 우리는 실제의 크기를 알
고 있기 때문에 그것을 기준으로 다른 물체의 크기를 추측하고 있다. 보
고 있는 물체의 거리와 관계없이 크기는 일정하게 보인다. 이것을 크기의
항상성이라고 한다.

오른쪽 페이지의 왼쪽 사진을 보기 바란다. 앞쪽과 뒤쪽에 있는 코뿔소
는 배경에 올라와 있으면 자연스러운 느낌이 든다. 하지만 오른쪽 사진처
럼 가로로 늘어놓으면 크기는 상당히 다르다. 이것은 배경의 사진에서 깊
이가 있다고 느끼게 되어, 망막에 비친 안쪽의 색채를 크게 하는 보정이
작용하여 상(像)이 확대되어 보이기 때문이다.

⊙ 색의 항상성

항상성은 색에도 있다. 예를 들어, 바나나를 실내 조명 아래에서 본 경
우와 석양 아래에서 본 경우 물체로부터 눈에 들어오는 빛의 파장 성분은
크게 다르다. 석양 아래에서 보는 바나나는 상당히 붉은 기를 띨 것이다.
그런데 사람은 바나나의 색깔이 크게 바뀌었다고 인식하지 않고 같은 노
란색으로 느낀다. 이처럼 사람은 기억에 있는 색을 단서로 해서 조명 조
건이 변화해도 물체의 고유색을 인식할 수 있다. 이것을 색의 항상성이라
고 한다.

환경이 변해도 일정하게 보이는 색

크기의 항상성

왼쪽 사진은 캐릭터에 크기의 위화감이 느껴지지 않지만, 뒤쪽의 캐릭터를 옮겨서 나란히 세우면(오른쪽 사진) "이렇게 작았나?"라고 느끼는 사람이 많을 것이다. 이것이 크기의 항상성이라는 기능이다.

크기의 항상성은 강력한 효과가 있다. 풍경화 등을 그릴 때 알아두면 도움된다.

색의 항상성

주황색의 빛에 따라서는 대상 물체의 색이 변화해도 원래의 색으로 느껴진다. 이것이 색의 항상성이다. 색의 항상성은 곤충이나 원숭이에게도 있는 기능으로 알려져 있지만, 이 효과의 강도는 개인차가 크다.

색의 시각적 효과 ❾   간섭 정보(스트루프 효과)

⊙ 정보가 간섭한다

사람은 언어를 의식하지 않고 자동(무의식)으로 사용하고 있다. 그 자동화에 간섭이 개입하면 재미있는 현상이 생긴다. 그 간섭을 경험해보자.

① 먼저, 오른쪽 페이지에 있는 글자를 읽어보자. 빨간색, 파란색, 주황색이라는 글자가 적혀 있어, 정상적으로 읽을 수 있다.
② 다음은 그 아래에 있는 색을 순서대로 말해보기 바란다. 파란색, 녹색, 주황색…. 이것도 정상적으로 읽을 수 있다.
③은 그 아래에 있는 색깔 있는 글자를 문자 이름이 아닌 칠해진 색의 이름으로 읽어보자.

어떤가. ①②의 문제보다 ③의 문제를 푸는 데 시간이 더 걸렸을 것이다. 따라서 문자의 의미와 글자 색 등 두 종류의 정보를 처리하려고 하면 뇌에서 인지가 서로 간섭하여 반응이 지연된다.

이와 같이 단어를 인식하는 속도와 글자색을 인지하는 속도가 다르기 때문에 일어나는 것으로 알려져 있다. 글자색을 대답하려고 해도 무의식적으로 단어가 눈에 띄어서 곧바로 문자로 대답해 버릴 것이다.

이 효과를 심리학에서는 '스트루프 효과stroop effect(단어의 의미와 글자의 색상이 일치하지 않은 조건에서 색상을 말하는 반응 속도가 늦어지는 것)'라고 부른다.

문자와 문자색의 인지

① 아래의 글자를 읽어보기 바란다.

빨간색   파란색   주황색   녹색   보라색   흰색

② 아래 색 이름을 대답하기 바란다.

③ 아래 문자의 색을 대답하기 바란다(문자의 의미가 아니다).

빨간색   파란색   주황색   녹색   빨간색   보라색   흰색

또 하나의 질문. 아래의 글자가 나타내는 색이 배경이 되는 알파벳을 대답하기 바란다. 글자의 색이 아니라 글자의 의미에서 배경의 알파벳을 선택하기 바란다.

\ 좋았어. 좋았어 /

(글자의 의미) ➡ (색의 배경) ➡ (알파벳을 선택한다)

\ 아우아우 /

보라색   빨간색   녹색   주황색

A   D   B   C

대답은 B, C, A, D. 정보가 간섭해서 혼란스러워진다.

P O I N T 스트루프 효과의 활용

디자인을 할 때 여러 가지 의미를 섞지 않는 것이 좋습니다. 예를 들어 '멈추시오'라는 표지판에 안전을 의미하는 녹색을 겹쳐서 디자인하면 인간의 인지가 지연되기 때문에 주의가 필요합니다.

추체의 기능(퍼킨제 효과)

⊙ 저녁에 색이 뒤바뀌어 보인다

저녁이 되면 낮에는 눈에 띄던 빨간색이 칙칙하게 느껴지고 파란색이 부각되는 느낌이 드는 일이 있다. 예를 들어 저녁에 보는 파란색 간판이나 사인이 떠올라 있는 것처럼 보인다. 그런 경험은 없을까.

이것은 인간의 시세포의 작용에 의한 것으로, 어두워지면 눈이 파란 것에 민감해지는 현상이다. 밝은 낮에는 추체가 우선해서 작용한다. 날이 저물면 밝기만을 감지하는 간체가 우세해진다. 추체는 색을 감지하는 것으로, 추체 기능이 저하하면 낮 시간에 매우 눈에 잘 띄는 빨간색이 보이지 않게 되므로 상대적으로 낮 시간에 빨간색만큼 눈에 띄지 않았던 파란색이 활성화되는 착각을 하게 된다.

⊙ 퍼킨제 효과

이 현상은 발견자인 체코의 생리학자 퍼킨제(Purkinje)의 이름을 따서 퍼킨제 효과라고 명명했다. 퍼킨제는 화창한 날 오후에는 붉은색 꽃이 선명하게 보이고, 새벽에는 매우 어두워 보였다고 한다. 그래서 그는 눈은 시간대에 따라 하나가 아닌 두 개의 시스템이 색을 보게 되어 있다고 추론했다.

어두운 조명에서 컬러 스펙트럼의 청색으로 변화한다고 해서 퍼킨제 시프트라고 부르기도 한다. 물론 개인차가 있기 때문에 느끼지 못하는 사람도 있을 것으로 생각한다.

빨간색과 파란색이 보이는 방법

어둑어둑해지면 일반적으로 색상은 잘 보이지 않지만, 파란색이 눈에 잘 띄는 경향이 있다.
이것이 퍼킨제 효과이다.

결과적으로 파란색이
눈에 띈다.

어두워진다

적추체 (L추체)
➡ 저하

청추체 (S추체)
➡ 상대적으로 상승

POINT 방범용 조명

야간의 인간의 감도 특성에 주목해서 단파장 성분을 많이 포함하는
빛(푸른 빛)을 가진 방범등도 설치되어 있습니다. 사람은 어두운 곳에
서는 퍼킨제 효과에 의해 단파장의 빛을 밝게 느끼지요. 방범등이
보이면 색에 주목해보세요.

색채 감각을 높인다 ②
색채 인지 능력

색채를 인지하는 능력은 색을 보고 색상, 명도, 채도를 파악할 수 있는 힘이다. 이것은 색을 많이 보고 경험을 쌓을 수밖에 없다.

단지 색을 막연히 보는 게 아니라 이 책에 있는 색을 보고 숫자를 확인하고 그 색의 색상, 명도, 채도는 먼셀값으로 말하면 어느 정도의 수치인지를 파악하자. 항상 색을 의식하기 바란다.

색채 인지 능력을 단련하려면 색명이 실려 있는 사전이 있으면 편리하다. 사전에 따라서 색상은 다르므로 색을 점(点)으로 파악하지 말고 범위(範圍)로 파악하자.

유사한 색상과 함께 체계적(무슨 색은 무슨 색이 더해지면 무슨 색에 가까운지 등)으로 이해하도록 하자.

색채 감각을 높이는 미니 테스트

Q1. 명도가 가장 높은 색은?

A   B   C   D

Q2. 이 색 ▨ 의 보색 근사색은?

A   B   C   D

Q3. 다음 '?'에 들어갈 색은?

▨ ▨ ▨ ? ▨

A   B   C   D

3장

색과 문화

이 장에서는 색이 문화 속에서
어떤 역할을 하는지 살펴볼까 합니다.
후반부에는 세계의
색과 문화에 대해 알아볼 텐데요,
색과 문화에 대한
흥미로운 사실을 알 수 있을 겁니다.

세계의 색채 문화　색의 기호는 나라마다 다르다

◉ 좋아하는 색

색에 대한 이미지는 장소에 따라 다르다. 이에 대한 여러 가지 이유는 174페이지에서 소개한다.

포포 포로덕션이 실시한 색 기호 조사(일본인 대상)에서는 남녀 모두 1위가 파란색, 2위가 녹색, 3위가 분홍색, 흰색, 빨간색이 차지했다.

최근에는 보라색의 인기가 높아지고 있는 경향이 있다. 불안정하고 양면성이 있는 보라색의 이미지에 이끌리는 사람이 늘어난 것으로 추측한다. 파란색은 조사 연도와 관계없이 높은 인기를 자랑하지만, 색의 기호는 시대에 따라 변화하기 때문에 영구불변이지 않다.

◉ 좋아하는 색은 나라마다 다르다

한국에서는 파란색, 흰색, 빨간색을 선호한다고 하는데 최근 조사에서는 검은색 옷의 인기가 높아지고 있다. 옷의 취향과 색의 기호는 완전히 일치하지 않지만 일정한 상관관계가 있고, 이 점에서 추측하면 경기에 대한 불안과 방어 심리가 배경에 있을지도 모른다.

중국인들은 파란색, 녹색, 빨간색을 선호한다. 미국, 영국, 호주는 예나지금이나 파란색, 빨간색이 인기 있다. 네덜란드는 주황색, 파란색, 독일은 파란색, 노란색, 빨간색을 선호한다. 조사는 수집 방법에 따라 다르기 때문에 이 조사가 모든 것을 나타내는 것은 아니다.

좋아하는 색

포포 포로덕션 조사
(2007년/4,736명)

남성

1위 파란색 (30%)
2위 녹색 (16%)
3위 빨간색 (8.5%)

여성

1위 분홍색 (18.2%)
2위 파란색 (16.%)
3위 흰색 (10.3%)

2000년대의 조사에서는 전체적으로 녹색의 인기가 높았다. 이것은 '치유'를 요구하던 시대상을 반영한 것으로 추측된다. 최근(2010~2020년)에는 보라색의 인기가 높아지고 있다(특히 여성). SNS를 이용한 조사에서는 '보라색을 좋아합니까'라는 질문에 '좋다'고 대답한 사람이 79%나 됐다.

남녀가 다른 파란색 기호

포포 포로덕션 조사
(2019년/100,486명)

남성은 파란색 중에서도 시안과 같은 밝은 파란색을 선호하는 경향이 있고 여성은 보라색 기가 도는 파란색을 선호하는 경향이 있는 것으로 나타났다.

전 세계인이 선호하는 색 1위~3위

(출처 : 〈도해 세계의 색채 감정 사전〉 치치이와 히데아키)

한국
1위 2위 3위

미국
1위 2위 3위

네덜란드
1위 2위 3위

독일
1위 2위 3위

색 기호가 다른 이유 ❶ 나라에 따라 색 기호가 다른 이유는?

그렇다면 왜 나라에 따라서 색 기호가 나뉘는 걸까. 몇 가지 이유가 있는데 이를 정리해본다.

① 종교, 역사적 배경의 차이

종교의 영향력이 강한 국가는 종교적인 배경이 큰 영향을 미친다. 예를 들어 노란색은 중국과 말레이시아에서는 로열 컬러이며, 다른 나라보다 선호하는 경향이 있다. 반대로 기독교가 널리 보급된 국가에서는 유다의 의상이 노란색이라는 이유에서 꺼리기도 하고, 죽음을 나타내는 색이라고 해서 기피하는 나라도 있다.

② 태양 빛의 차이

색의 외관은 세계 공통은 아니다. 지역(위도)에 따라서 아름답게 보이는 색과 그렇지 않은 색이 다르다. 적도 근처에서는 태양 빛이 붉은 기를 띠고 있고, 선명한 난색은 더욱더 선명하게 느낀다. 채도가 높은 색이 예쁘게 보여서 선호하는 것이다.

또한 적도에서 멀리 떨어진 곳에서 태양 빛은 파란색과 보라색을 띠는데, 러시아와 스웨덴은 차가운 색 계열이 예쁘게 보여 선호하는 경향이 있다.

③ 성격 배경의 차이

선명한 색이 아름답게 보이는 지역에서는 선명한 색을 선호하는 동시에 밝고 명랑한 성격으로 변하는 경향이 있다. 결과적으로 더욱 선명한 색을 추구한다.

색 기호가 다른 이유? ①

① 종교, 역사적 배경의 차이

노란색은 로열 컬러라고 해서 호의를
갖고 있는 나라도 있다.

기독교 국가에서 노란색은 배신의 색
으로 인식되기도 한다.

② 태양 빛의 차이

적도 가까이에서는 태양
빛은 붉은 기를 띤다.

적도에서 멀어지면
푸른 기를 띤다.

하와이에서 구입한 화려한 색상의 기념품을 갖고 돌아오면 그렇게 밝은 느낌이 들지 않는 경우는
당시에 기분이 고양되어 있었던 이유도 있지만, 태양 빛의 차이에 의한 것일지도 모른다.

③ 성격 배경의 차이

선명한 난색이 예쁘게 보인다.

명랑한 성격으로 변한다.

더욱 선명한 난색을 추구한다.

나라에 따라 색 기호가 다른 이유는?

④ 하늘의 투명도 차이

공기 중의 먼지와 수분 함량이 색의 외관에 영향을 미친다. 건조한 장소에서는 공기 중에 장애물이 없어 그대로 지상에 도착하지만, 습도가 높은 장소에서는 빛이 혼탁해 보인다. 계절에 따라 흐린 날이 많은 유럽의 국가에서는 채도가 낮은 색에 익숙해 있어 자연스레 채도가 낮은 색을 선호하는 경향이 있다(반대로 반발하고 싶은 마음에서 밝은색을 선호하는 경우도 있다).

⑤ 배경색의 차이

배경색도 색의 외관에 큰 영향을 미친다. 그리스 지중해의 맑은 파란색과 흰색 벽의 대비가 조화로운 거리와 이탈리아 베로나의 붉은색 벽돌 거리에서 보는 색은 다르게 느껴진다. 일본 교토의 대나무로 둘러싸인 곳에서 보고 느끼는 색과 도쿄에서 보는 색은 다르다. 당연히 색 선호도는 달라진다.

이러한 여러 가지 이유로 사람의 색 기호가 형성된다. 색 기호는 10인 10색이어서 나라 단위로 적용하는 것은 불가능하다.

다만 색 기호를 형성하는 요소로 큰 영향을 미치는 문화적 배경을 아는 것은 색채 심리를 아는 데 있어 매우 유용하다. 이 장에서는 색의 문화에 초점을 맞춰 세계의 색채 문화를 심리적 고찰을 포함하여 소개한다.

색 기호가 다른 이유? ②

④ 하늘의 투명도 차이

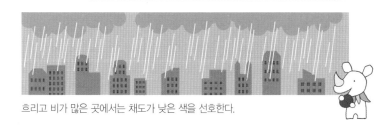

흐리고 비가 많은 곳에서는 채도가 낮은 색을 선호한다.

⑤ 배경색의 차이

자연의 풍경이나 거리 정취의 영향을 받아 색 기호가 형성된다.

＼ 이쪽도 체크! ／

색과 문화의 관계

동양 문화와 색(p.178~197)
· 전통색과 비밀
· 사용해서는 안 되는 색
· 미백을 추구하는 심리
· '피아노'는 무슨 색?
· 면접 정장이 수수한 이유
· 애니메이션 캐릭터와 색채 심리
· 홍백은 왜 싸우는가
· 색 이름과 색의 관계 등

세계 문화와 색(p.198~207)
· 나라에 따라 다른 태양의 색
· 무지개의 색 수와 문화
· 검은 고양이의 재난
· 세계의 색 등

전통색과 성격(일본)

⊙ 전통색의 특징

세계로 눈을 돌리면 색을 만드는 색재료에는 돌, 광물 등을 깬 안료가 많지만 일본에서 만들어지는 색은 식물 염색, 즉 염료가 중심이었다.

일본의 경우 아스카, 나라시대, 헤이안시대에 대륙에서 온 선명한 색채의 물건은 한정된 사람밖에 볼 수 없었다. 무로마치시대 무렵에는 '와비, 사비'(일본의 문화적 전통 미의식)라는 염색의 농담 문화가 생겨나면서 일본 전통색의 중간색화가 자리 잡았다.

에도시대에 막부가 발령한 사치 금지령은 서민의 삶을 억압하고 옷의 색상, 무늬, 소재에까지 영향을 미쳤다고 한다. 이때 허용된 색은 갈색, 쥐색(회색), 옷장색(감색)이었다.

그러나 얌전하게 있을 에도 사람이 아니라 허용된 색을 고안해서 미묘한 차이의 색을 즐기게 됐고 세상에는 중간색이 넘쳐났다.

⊙ 중간색과 일본인의 성격

이러한 역사적 배경에서 일본인은 중간색을 매우 좋아한다. 색과 성격의 관계에서도 순색과 같은 채도가 높은 빨간색이나 오렌지색보다 분홍색이나 하늘색과 같은 중간색을 선호하는 경향이 있다. 이것은 일본인이 분명하지 않고 애매한 것을 선호하는 성격과도 일치한다. 중간색에 의해 일본인의 성격은 영향을 받고 또한 중간을 선호하는 문화가 자리 잡게 된 것으로 보인다.

전통색(일본)의 포인트

염료와 안료의 차이

염료

안료

염료 용제에 녹아 표면에서 침투한다.

안료는 용매에 녹지 않고 표면에 정착한다.

안료(顔料)에 얼굴(顔)이 붙는 것은 기원 전 인간들이 주술과 점술에서 얼굴에 발라 사용했기 때문이다.

용제는 용해할 목적으로 사용하는 액체이다.

에비차(海老茶)
왕새우의 색에서 딴 차
C0 M60 Y50 K60
R128 G67 B53
8R 3/5

리큐차(利休茶)
센노리큐가 좋아하는 차
C14 M22 Y62 K50
R139 G124 B68
5Y 6/8

긴네즈미(銀鼠)
밝은 쥐색(회색)
C0 M0 Y0 K43
R173 G174 B174
N6.5

우메네즈미(梅鼠)
매화는 적색의 형용사로 쓰였다.
C17 M35 Y26 K40
R152 G126 B124
5R 5/3

단주로차(団十郎茶)
이치카와 단주로가 이용한 에도시대의 유행색
C30 M80 Y75 K15
R168 G72 B57
10R 4/10

리칸차(璃寛茶)
가부키 배우. 리칸에서 딴 유행색
C60 M57 Y100 K30
R100 G88 B32
10Y 4/4

음. 에도시대의 유행색은 가부키 배우의 이름이 붙는 거구나.

 POINT 시쥬하차햐큐네즈미(四十八茶百鼠)

에도시대 막부의 사치 금지령으로 서민들이 생각해낸 색의 다양성을 말합니다. 에비차, 리큐차, 우메네즈미, 긴네즈미 등 일본의 전통색에는 ○○차나 ○○네즈미가 많은 것은 여기에서 유래한다고 할 수 있습니다.

금지색

⊙ 일반인은 사용할 수 없는 색?

일본에는 천황, 황태자, 친왕이 이용하는 옷의 색은 일반인은 입어서는 안 되는 색으로 정해져 있다. 이것이 금지색이다.

메이지시대에 규제가 완화되어 천황이 사용하는 황갈색과 황태자가 사용하는 황주를 제외한 색은 사용이 허용되었지만, 황갈색은 천황이 중요한 의식을 치를 때 예복을 덮는 상의(袍)에 사용하는 색으로 특별하게 여겼다. 레이와*의 즉위 예의 정전 의식에서도 이 금지색을 볼 수 있었다.

황단은 노란색에 빨간색을 섞은 약간 어두운색이다. 한낮의 태양을 상징하는 노란색이다. 금지색 중에서도 황갈색과 황단 2가지 색은 특별한 색으로 절대 금지색이라고도 불렸다.

⊙ 금지색이 미치는 영향(일본)

금지색은 서민에게는 동경의 대상으로 좋은 이미지를 형성하는 일이 있다. 그런데 황갈색 등의 금지색은 동경은커녕 서민은 본 적도 없고 알지도 모르는 색이었을 것으로 생각된다.

또한 쇼토쿠 태자가 제정한 것으로 알려진 관위십이계*의 최상위 색인 보라색도 금지됐다. 보라색은 고귀하고 품위가 높은 사람을 상징하게 됐다. 실제로 보라색은 염색에 대량의 보라색 풀을 사용하기 때문에 비싼 이유도 있었다.

---

*레이와(令和) : 일본 나루히토 일왕 즉위 뒤 사용되고 있는 연호

*관위십이계(冠位十二階) : 603년에 쇼토쿠 태자가 제정한 일본 최초의 관위 제도. 유교 덕목인 덕(德)·인(仁)·예(禮)·신(信)·의(義)·지(智)를 각각 대소(大小)로 나누어 12등급을 마련하였다.

금색과 이미지

절대 금지색

태양 빛…

아침 해…

황갈색
햇빛을 상징하는 적갈색.
일본 천황이 의식을 할 때
착용하는 도포(편) 색

C27 M68 Y100 K0
R192 G105 B26
6YR 5/10

황단색
조금 여린 노란색을 띤 빨간
색. 황태자의 도포(편) 색이며
절대 금지색

C0 M65 Y70 K0
R237 G120 B72
10R 6/12

관위십이계

대덕·소덕

대인·소인

대례·소례

대신·소신

대의·소의

대지·소지

제일 위의 보라색은
고귀하다는 이미지가
있다

지위에 따라 색이 정해져 있었다. 덕, 인,
예, 신, 의, 지에 대, 소로 세분화해서 크고
작은 농담의 색상이 나뉘어 있었다(여러
가지 설이 있다).

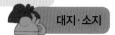

POINT 계속 만들어진 황단

치자나무를 진하게 염색하면 황단과 비슷한 색이 됩니다. 그래서 진
한 치자 염색은 금지했지만 사그라들지 않았습니다. 그래서 천황의
명령을 전달하는 선포에서 빨강이나 홍화를 치자와 혼합한 염색은
금지됐습니다.

미백을 추구하는 심리 여자는 왜 미백을 추구하는가

⊙ 흰색은 여성의 동경

여성의 아름다움 중 하나로 생각되는 미백(美白)은 많은 여성들이 관심을 갖는 주제 중 하나이다. 그러나 사실은 서양인의 대부분은 하얀 피부를 딱히 선호하지 않는다.

아시아인은 피부가 쉽게 변화하는 경향이 있어 햇빛을 받으면 자연스레 검어지다 보니 밖에서 일을 하는 사람의 피부는 검어진다. 동양인에게는 미백 피부를 가진 사람은 밖에서 일하지 않아도 되니까 햇볕에 타지 않는 사람이라는 고정 관념이 있고, 따라서 하얀 피부를 가진 사람은 고급스러운 여성이라는 이미지가 형성된다.

또한 흰색의 고급스러움, 청결함, 무구함, 순진함 같은 이미지를 선호한다. 흰색 웨딩드레스나 게이샤의 백색 도료 등 흰색을 통해 여성을 아름답게 보이는 문화적인 배경도 있다. 또 흰색은 젊음을 상징하는 색이라는 의식도 클 것이다.

⊙ 붉은색은 피부를 밝게 보이게 하는 색

단순히 흰색을 바른다고 해서 흰색 피부로 보이는 것은 아니다.

일본의 대학과 화장품 제조사의 공동 연구에 의하면 동양인 여성의 얼굴은 밝기를 나타내는 명도가 동일한 경우에도 붉은색 기를 띤 얼굴은 노란색 기가 있는 얼굴보다 밝게 보인다고 한다. 이상한 것은 붉은 기가 밝기를 느끼는 요인이 된다는 것은 피부에만 적용된다. 우리에게는 피부에만 느끼는 지각 메커니즘이 있는 것으로 여겨진다.

피부색에 대한 인식

아시아인은 피부가 쉽게 변화하는 경향이 있어, 빨갛거나 검게 변해버려 하얀 피부에 대한 동경이 강하다. 일본에서는 하얀 피부의 사람 = 외부에서 일하지 않아도 되는 품위 있는 여성이라는 이미지가 있다.

하얗다, 투명하다는 말에 약하다

붉은색을 넣으면 얼굴이 밝아 보인다.
(사람이 피부에서만 느끼는 감각)

신기하네 /

 POINT **사람은 피부색에 민감**

사람은 피부의 인식에 민감합니다. 매우 미세한 색상 차이도 민감하게 알 수 있습니다. 사람의 색각(色覺)은 사람의 피부를 관찰하기 위해 갖춰졌다고 생각하는 연구자도 있답니다. 피부의 미묘한 색의 변화로 상대의 감정을 읽어내기 위해서라고 합니다.

피아노는 무슨 색?

피아노 문화(일본)

⊙ 피아노의 색이 검은 것은?

피아노의 색이라고 하면 검은색이라는 고정관념을 갖고 있다. 그러나 이것은 일본의 독자적인 문화라고 알려져 있다. 최근에는 해외에서도 검은 피아노가 많아졌지만 원래는 나뭇결의 피아노가 일반적이었다.

일본에 피아노가 들어올 때 습기 문제를 해결하기 위해 옻칠로 검게 칠했다고 한다. 그리고 검은색으로 도장한 피아노가 유치원이나 초등학교에 보급됐다. 학교에서 검은 피아노를 항상 접했기 때문에 피아노라고 하면 검은색을 연상한다. 각 가정에서 구입하는 피아노는 저렴한 제품이 아니다. 부모 입장에서 보면 고급스러운 느낌이 나는 검은색 피아노가 비싼 가격에 어울린다고 느꼈을지도 모른다.

⊙ 고급스러움이 낳은 고정관념

사실, 피아노 외에도 검은색의 고급스러운 이미지를 내세워 대중화된 것이 있다. 바로 오사카의 택시이다. 수도권에서는 빨강, 노랑, 녹색 등 화려한 색상의 택시가 달리고 있지만, 오사카의 택시는 거의 검은색 일색이다.

도쿄에서는 이동수단으로서 일상 도구였지만, 오사카 사람들은 택시를 사치품이라고 생각하는 경향이 강한 것 같다. 택시의 검은색이 만드는 고급스러운 이미지가 오사카에서 자리 잡았다. 최근에는 도쿄도에서도 검은색 택시가 늘고 있다. 고급스러운 예약제 콜택시를 찾는 사용자가 늘고 있다고 한다.

검은색과 고급스러움

피아노 하면 검은색을 연상하는 문화

피아노는 검은색이라는 이미지는
피아노에 고급스러움을 접목시킨 것이 요인의 하나이다.

검은색이 아닌 피아노도 흔히
볼 수 있다.

고급스러움이라고 하면 오사카 택시가 대부분
검은색인 것도 고급스러움과 검은색이 결합한
결과이다. 오사카 사람들은 택시를 사치품이라
고 생각하는 경향이 있다.

도쿄에서는 검은색뿐만 아니라 다양한 색의 택시가 달리고 있다.
도쿄 사람들은 택시를 이동수단의 하나로 생각하는 경향이 있다
(최근에는 검은색 택시가 늘고 있다).

POINT 왜 검은색에서 고급스러움을 느낄까

일본인이 검은색에서 고급스러움을 느끼는 것은 ① 무겁게 느껴지는
색으로 중후감이 있다는 이미지, ② 격식을 차린 장소에서 입는 정장
의 이미지, ③ 검은색 차 등 고급 장소에서 사용되는 것은 실제로 비
쌉니다. 그런 이미지가 몸에 배어 있기 때문이라고 생각되네요.

검은색 뒤로 숨으려는 심리

⊙ 면접 정장은 왜 검은색일까?

구직 활동을 할 때 입는 면접 정장은 무조건 수수한 차림을 선호한다. 면접 정장은 이제 구직 활동의 유니폼으로 정착되어 입지 않으면 손해를 볼 것 같다는 사람의 심리인 손실 회피성으로 이어진다.

그러나 면접 정장은 면접에서 요구되는 자신의 개성과 자유로운 발상을 어필하는 것은 곤란할 것이다.

'면접을 볼 때 복장은 지정되어 있지 않다'고 해도 결국 대다수의 사람들은 수수한 색의 정장을 선택한다.

⊙ 면접 정장을 입는 심리 효과

수수한 색의 정장을 선택하는 장점은 상대에게 성실하고 진지하며 지적(知的)이라는 인상을 줄 수 있고 흰색 셔츠와 함께 입으면 단정한 느낌을 어필할 수 있는 점을 들 수 있다. 성실하고 회사에 도움이 되는 인물이라는 점을 어필할 수 있는 요소가 있는 것이다.

또한 검은색은 날카로운 인상을 상대에게 줄 수 있어 업무 능력이 뛰어나다는 인상을 주는 효과도 기대할 수 있다.

그리고 검은색은 외부의 힘을 막아내는 심리 효과도 있어 면접을 볼 때 입고 가면 압박감에 무너지지 않는 효과도 있다.

면접 정장과 개성

 면접 정장은 검은색, 진회색(차콜 그레이), 짙은 감색이 기본색이다. 2000년대의 구직 활동은 검은색이 주류였다. 하지만 지금은 개성 시대. 포인트 색으로 개성을 더해보는 건 어떨까.

 남자라면 넥타이로 개성을 드러낼 수 있다.
· 다소 밝은 파란색으로 협동심과 적극성을 어필
· 노란색 계열의 색으로 활기와 커뮤니케이션 능력을 어필
· 연지로 감춰진 의욕을 어필

 여성이라면 색채 심리를 이용해서 화장에 붉은 기를 조금 가미(과도하지 않게)해보는 건 어떨까? 면접관에게 깊은 인상을 남길 수 있다.

 검은색을 입는 장점

· 구직 활동 이외에도 사용할 수 있다.
· 어쨌든 무난하다.
· 날카로워 보인다.
· 외부로부터 자신을 보호한다.

 진회색을 입는 장점

· 고급스러운 인상을 준다.
· 검은색만큼 강하게 보이지 않는다.
· 수용 능력이 있어 보인다.

 진한 파란색을 입는 장점

· 어울리는 사람이 많다.
· 성실한 인상을 줄 수 있다.
· 상쾌한 인상을 줄 수 있다.

POINT 손실 회피성

 사람은 이득을 보고 싶다는 생각보다 손해를 보고 싶어 하지 않는 경향이 있습니다. 그것을 손해를 피하려고 하는 성질, 손실 회피성이라고 합니다. 원래 손실 회피성은 시니어층과 여성이 강하게 갖고 있었지만, 최근에는 젊은층에도 깊이 자리하고 있다고 합니다.

식별성과 컬러 이미지

⊙ 애니메이션 캐릭터에서 보는 색채 심리

최근의 애니메이션 캐릭터는 색채 심리를 활용하여 설정되고 있다. 색의 관점에서 주인공과 적 캐릭터에게 중요한 것은 식별성(160페이지)이다. 최근에는 적도 아군도 미남으로 그려지는 경향이 있기 때문에 구분하기 쉬운 방법으로 색을 사용하고 있다.

또한 여러 캐릭터의 성격을 인상 짓는 데 캐릭터의 테마 컬러는 도움이 되고 있다. 리더와 장남은 빨간색, 조화를 도모하는 캐릭터는 녹색, 멋진 캐릭터는 파란색 등으로 설정하면 색과 성격의 관계가 외형의 색만으로도 전해져 캐릭터의 설명을 보완해준다.

⊙ 최근 주목받고 있는 보라색

최근 여성이 활약하는 마법 소녀와 히어로 계열의 애니메이션에서는 보라색이 빠르게 자리 잡고 있다. 추가 멤버와 라이벌 캐릭터, 미스터리한 캐릭터에도 사용된다. 최근 높아지는 여성의 보라색 인기와 무관하지 않다고 생각된다. 보라색을 좋아하는 사람이 많아져 보라색 캐릭터가 늘어나고, 캐릭터가 늘어나자 다시 보라색을 좋아하는 사람이 늘어나는 순환고리가 생겼다고도 생각된다.

또한 전쟁 영웅물에서도 주목받고 있는 색이 있다. 시리즈 전체에서 리더의 색은 빨간색이다. 행동력이 있고 정의감도 다른 사람보다 강하다는 빨간색의 이미지와 겹치는 설정이 많이 있다.

캐릭터와 테마 컬러의 예

주인공(빨간색)
·행동력
·정의감
·강해 보인다

적 A(검은색)
·압도적인 힘
·냉정하다
·위압감

적 B(보라색)
·알 수 없는 힘
·신비함
·아군인지 적인지
 불명확

히어로(진한 분홍색 또는 흰색)
·부드러움 속에 강인함
·애정이 넘친다
·자연스레 눈이 간다

거대한 적 C
(진한 녹색)
·무궁무진한 생명력
·기분 나쁘다
·위화감이 든다

아군 A(파란색)
·쿨한 성격
·두뇌 전략

아군 B(노란색)
·경박하다
·융통성 있다
·개성적

예를 들어 이런 식으로 색을 통해 성격을 어필할 수 있다. 쉽게 알 수 있도록 식별성이 높은 것도 중요하다. 물론 적과 아군을 반대로 표현할 수도 있다.

좀 더 생각해보겠습니다   네, 네.

코뿔소는 스스로 색을
결정할 수 있는 거지?
어떤 색으로 할 거야?

P O I N T **파란색 캐릭터의 색채 심리**

영웅물에서 빨간색 이외에도 잊어서는 안 되는 색이 있습니다. 사실
파란색도 역시 반드시 사용되는 색이지요. 쿨하고 두뇌가 명석하며
힘센 사람 등 성격 설정은 다르지만 빨간색을 보완하는 파란색은
전쟁 영웅물에서는 없어서는 안 될 존재입니다.

홍색과 흰색이 전투를 이어온 역사

⊙ 홍색과 흰색이 싸우는 이유

일본의 각종 대항전에서는 운동회에서도 홍팀(붉은색)과 백팀(흰색)으로 나뉘어 싸운다. 섣달그믐날의 홍백가합전도 홍과 흰색으로 나뉘어 싸운다.

그 역사를 거슬러 올라가면, 헤이안시대 말기의 겐페이 전투에서 시작되는 것으로 알려져 있다. 헤이시(平氏)는 적기를 내걸고 겐지(源氏)는 백기를 내걸고 전장을 누비고 다녔다. 그 전쟁 이후 팀을 나누어 싸우는 경우 붉은색과 흰색으로 나뉘어 싸우게 된 것이다.

기록에 따르면 에도시대 이전에는 붉은색과 흰색으로 나눈 경기가 존재하는 것으로 알려져 있다. 궁내청(宮內廳, 일본의 황실 업무를 담당하는 행정기관)에 따르면 8대 쇼군 요시무네가 추천했던 경기에도 붉은색과 흰색으로 나누어 경쟁한 구기 게임이 기록에 남아 있다고 한다.

⊙ 색이 가진 복잡한 효과

색채 심리의 관점에서 운동회에서 홍팀과 백팀 중 누가 유리한지 불리한지를 조사해봤다.

2019년 운동회를 경험한 초등학생 부모에게 질문을 했는데, 홍팀이 더 많이 승리했다는 의견이 많았지만, 현저한 차이는 볼 수 없다. 기마전의 경우는 백팀이 유리하다는 인식을 갖고 있는 부모는 많이 있었다.

유니폼이 주는 스포츠 게임의 승률에 대해서는 빨간색이 유리하다는 데이터가 꾸준히 있었지만(110페이지), 흰색 운동복에 붉은색 모자를 쓰면 붉은색 모자를 눈으로 좇는 백팀에 유리하게 작용할 수도 있다. 색의 영향은 복잡하다고 할 수 있다.

붉은색과 흰색의 싸움과 승률

홍백으로 나뉜 역사

일본의 홍백 싸움의 기원은 헤이안시대의 겐페이 전투라고 알려져 있다. 겐지의 백기에 빨간색 동그라미를 그린 깃발은 일본 국기의 원형이 되었다고도 한다(여러 가지 설이 있다). 당시의 싸움을 그린 두루마리 그림에는 일본 국기와 흡사한 흰색 바탕에 빨간색 깃발이 그려져 있다.

색의 유리함과 불리함

면적이 넓은 빨간색 유니폼을 입으면 유리하지만 흰색 옷을 입은 사람끼리 빨간색을 보면 유리하다고 짐작할 수 있다(110페이지 참조).

POINT 홍백가합전 승률

겐페이 전투는 백기의 겐지가 승리했지만, 800년 이상 지난 오늘날에도 그 싸움은 형태를 바꾸어 계속되고 있습니다. 연말에 열리는 홍백가합전도 통산 성적은 백팀이 압도적으로 이겼다는 사실이 매우 흥미롭답니다.

빨간색 계열의 색이 많은 이유

⊙ 색 이름의 숫자에는 편차가

색 이름은 색의 수마다 균등하게 존재할까? 색의 범위에 주요 전통색을 적용하다 보면, 빨간색 계열의 색은 매우 많지만 녹색 계열의 색이 적은 것을 알 수 있다.

수를 조사해봤더니 빨간색 계열의 색 이름은 노란색 계열보다 1.5배, 녹색 계열보다 2.5배가량 많았다.

색채 연구에서 녹색은 물리적(수치화) 관점에서 보면 색상의 범위는 넓지만, 그럼에도 불구하고 빨간색보다 색 이름은 적다. 이 점에서도 우리는 빨간색에 매우 민감하고 빨간색을 다채롭게 사용해온 배경을 알 수 있다.

⊙ 녹색과 파란색은 동일한 색이었다

녹색 채소를 푸성귀라고 불렀던 것에서 녹색과 파란색을 명확하게 구분하지 않았던 사실을 알 수 있다.

그 이름은 푸성귀 이외에도 신호등에서도 볼 수 있다. 신호등의 색은 파란색, 노란색, 빨간색이라고 불렀지만, 언뜻 보기에도 파란색이 아니라 녹색이다. 1930년 일본에 신호등이 처음 등장했을 때는 녹색이라고 불렀지만, 일반인들과 신문에서 녹색 신호가 아닌 청신호라고 부르면서 청신호가 정착한 것으로 알려져 있다. 1947년에는 법령에서도 청신호라고 명명했기 때문에 청신호라는 명칭이 공식화됐다.

색 이름의 불가사의

색 이름은 빨간색 계열에 편중되어 있다

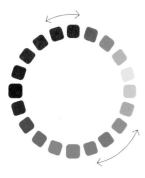

그만큼 빨간색에 민감했었구나

색 이름은 빨간색 계열이 좁은 범위에 많이 있으며, 녹색 계열의 색보다 많다.

빨간색 계열의 전통색

연분홍

홍적색

연지색

붉은 홍색

은주색

진홍색

적갈색

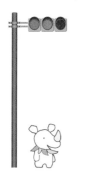

녹색인데도 불구하고 청신호라고 부른 것은 색 이름을 명확하게 구분하지 않았기 때문이다.

POINT 남색의 문화

전통 공예이기도 한 쪽 염색은 파란색 계열 색의 종류가 풍부합니다. 옅은 하늘색과 비슷한 연한 청녹색부터 옅은 남색, 옥색, 회청색, 감색, 남색 등 다채로운 파란색이 있습니다.

빨간색과 파란색의 심리 효과

붉은 초롱 / 우라시마타로

⊙ 붉은 초롱이 빨간 이유

조명으로 사용된 등불. 어느덧 간판으로 선술집의 점포 앞을 장식하게 된 것이 붉은 초롱이다. 빨간색은 매우 눈에 띄는 색상이며, 다른 색상이 많이 있어도 가장 눈에 띈다(유목성, 158페이지).

또한 빨간색은 위장의 작용을 활발하게 하는 기능이 있고 붉은 초롱을 보고 있으면 식욕을 돋우는 경향이 있다. 또한 빨간색은 행동을 촉진하는 색이다. '한 잔 할까, 참을까' 고민하고 있으면 붉은색이 등을 떠미는 작용을 한다.

⊙ 우라시마타로와 색채 심리

일본의 동화 이야기인 우라시마타로의 이야기에도 색채 심리 효과를 볼 수 있다.

우라시마타로는 자기가 도와준 거북이에게 이끌려 바다 속으로 간다. 용궁에서는 용녀에게 환영을 받으며 도미와 넙치의 춤을 보면서 3년의 세월이 흘렀다. 가족과 친구들을 떠올린 타로는 보물 상자를 받아 바닷가로 돌아온다. 그곳에 보물상자를 열자 흰 연기가 나고 할아버지가 돼버렸다는 이야기이다. 용궁에서 보낸 3년은 지상에서는 아주 오랜 세월이었다는 것이다.

깊은 바다 저 깊이, 푸른 바다에 둘러싸인 장소에서는 시간이 짧게 느껴진다(82페이지). 더욱이 즐거운 시간은 시간이 지나는 것을 잊는 법이다.

빨간색과 파란색의 심리 효과

붉은 초롱의 효과

·눈에 띈다(장소 알림).
·배가 고프다(식욕 자극).
·행동을 촉진한다(행동 촉진).

빨간색은 모객 효과가 있다. 붉은 초롱은 뛰어난 색채 심리 효과를 가지고 있다.

푸른 바다 속에서의 시간

어?

파란색 환경에서 재미있게 지낸 3년. 색의 심리 효과로는 수십 년이나 경과했다…?

POINT 용궁 효과

파란색 장소에서는 시간을 짧게 느끼는 경향이 있는데, 여기에 즐거운 순간이라면 더 빨리 시간이 느끼는 효과가 겹치면 더 강한 효과가 생깁니다. 색채 심리 효과를 강하게 내려면 효과를 두 가지 색을 사용할 것을 추천합니다.

흰색 동물 / 파란색 혈통

⊙ 흰색 동물이 길조인 이유

흰 뱀, 흰 호랑이, 흰 까마귀. 흰색 동물은 세계적으로 길조로 여기고 있으며 장소에 따라서는 신의 사자라고 여기는 일도 있다. 자연계에서는 거의 찾아볼 수 없는 희귀한 존재이기 때문에 흰색 동물을 볼 수 있다면 경사스럽다고 보는 동물이다.

일본에서도 야마토 조정 시대부터 흰색 동물은 천황에 헌상하는 대상이었다. 그리고 전승적으로 흰색은 하나님과 결합되는 경우가 많다. 제사에 흰색을 사용하는 등 일본인은 흰색을 특별하게 생각하는 데다 그것의 희소성이 흰색 동물을 신격화한 것으로 간주한다.

⊙ 파란색 경주마가 있다는 게 사실?

경주마의 머리 색상은 8가지가 있으며 그중에 청모(靑毛)라는 머리색이 있다. 그렇다고 파란 머리로 덮여 있는 건 아니다. 전신이 새까만 털로 뒤덮인 말을 가리키는데, 경주마 중에서도 몇 %밖에 없는 희귀한 존재이다.

청모라고 불리게 된 데는 검은색 말을 불길하다고 여겨 기피하는 시대가 있었고, 이 때문에 파란색으로 대체됐다는 설이 있다. 새까만 머리는 빛의 세기를 조정하면 푸른빛을 띠기도 하기 때문이다. 옛날에는 나라시대부터 청모라는 말이 있었다.

흰색 동물 / 청모의 말

흰색 동물은 귀중하다?

흰색 동물은 희귀한 데다 흰색의 신비로운 이미지와 겹쳐 신의 사자로 여겨지기도 한다.

청모는 어떤 색?

·녹모
밝은 갈색에서 어
두운 갈색. 가장 많
은 모색

·구렁말
검은색 기를 띤 적
갈색. 복부, 허벅지
등은 갈색

·청모
전신이 검은색 털
로 덮여 있다. 수가
많지는 않다.

·회색마
젊을 때는 회색이다
가 점차 하얗게 변
해간다.

P·O·I·N·T **알비노(흰둥이)**

선천성 멜라닌 색소의 영향으로 흰둥이라고 불리는 흰색 동물이 있
습니다. 알비노 쥐와 토끼를 본 적이 있는 사람도 있을 텐데요. 흰색
머리에 붉은색 눈이 특징인데, 눈은 혈관이 비쳐서 붉게 보인다고
합니다.

태양의 색 차이

◉ 태양의 색은 무엇일까?

전 세계에서 그려지는 태양의 색은 나라마다 다르다. 일례로 각국의 국기를 보면, 일본은 태양을 빨간색으로 표현하고 있고 노란색이나 오렌지색으로 표현하고 있는 나라도 많다.

국기 중앙에 놓인 황금색 태양이 인상적인 아르헨티나의 국기도 있다. 황금색 태양은 잉카의 태양신은 인티를 상징한다고 한다.

카자흐스탄 국기의 중앙에도 노란색 태양이 그려져 있다. 키리바시의 국기에는 바다에서 얼굴을 내미는 노란색 태양이 그려져 있다. 그 밖에도 나미비아, 필리핀 등이 노란색 태양을 국기에 사용하고 있다.

태양을 노란색으로 표현하는 나라는 많은데 유럽에서는 노란색, 미국에서도 태양은 노란색에서 주황색으로 표현하는 경우가 많다. 네팔의 국기는 흰색으로 표현되고 있다.

◉ 일본의 태양이 붉은 이유

적도 부근에 위치한 나라에서는 태양이 붉게 보이는 경향이 있지만, 일본은 적도에서 가까운 나라는 아니다. 과학적으로 말하면 흰색이 가장 가까운 색상이다. 그래도 태양에 색이 붙는 것은 이미지 문제일 수 있다.

일본인에게는 국기의 이미지가 강하게 침투해 있을 가능성이 있다. 또한 고대 일본은 스스로를 '떠오르는 태양의 나라'라고 생각했다. 해 뜰 때의 태양의 색을 의식한 것으로 여겨진다.

국기마다 다른 태양의 색

노란색(금색)

아르헨티나

키리바시

필리핀

카자흐스탄

북마케도니아

르완다

레드

일본

화이트

네팔

오렌지

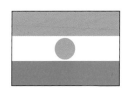
니제르

POINT 일본인의 태양 신앙

일본인은 태양을 신앙으로 받들어왔습니다. 아마테라스 오미카미(天照大御神, 일본 신화의 해의 여신)는 태양을 신격화한 신입니다. 국가 통일과 태양은 옛날부터 깊은 관계가 있고 겐지 깃발의 흰색 바탕에 빨간색 원이 통일자라는 증거로 계승되어 온 것도 태양이 붉은색인 것과 관계있을 가능성이 높습니다.

색 수로 보는 색이름 문화

⊙ 나라마다 다른 무지개 색의 수

무지개는 몇 가지 색깔일까? 이 물음에 7색이라고 대답하는 사람이 많을 거라고 생각한다. 확실히 빨간색, 주황색, 노란색, 초록색, 파란색, 남색(청자색), 보라색의 7색인 것으로 알려져 있다. 그런데 모든 나라에서 7색인 것은 아니고 무지개 색상은 나라마다 크게 다르다.

예를 들어 미국과 영국에서는 빨강, 주황, 노랑, 초록, 파랑, 보라 6색, 독일에서는 빨강, 노랑, 녹색, 파랑, 보라 5색(6색이라고 하는 사람도 있다), 대만의 일부 지역에서는 빨강, 갈색, 보라 3색으로 통한다.

놀랍게도 일본의 오키나와에서는 파랑(검정), 빨강 2색으로 표현하는 일도 있었다.

⊙ 색의 수가 다른 이유

무지개의 색 수가 다른 것은 그 지역 사람들이 색 이름을 얼마나 갖고 있느냐와 깊이 관련되어 있다. 국가와 민족에 따라서는 미세하게 색 이름을 구분하지 않는 경우도 있고, 이름 없는 색은 기본적으로 존재하지 않거나 다른 색상과 동일하게 취급한다.

또한 무지개의 색이 연속해서 있는 것도 색 수의 인식을 어렵게 하고 있다. 과학적으로 말한다면 무지개는 스펙트럼 자체이므로, 적자색 부분을 제외한 다양한 색상이 들어 있는 것이다.

따라서 굳이 말하면 7색이 아니라 무수히 존재하는 것이다. 색은 점으로 파악하는 게 아니라 범위를 나타내는 것을 이해했을까.

무수히 많은 무지개 색의 수

무지개가 무슨 색으로 보이는지는 국가와 민족에 따라 다르다. 우리나라에서는 일반적으로 7색으로 표현되는 경우가 많지만 6색과 5색, 3색으로 표현하는 나라도 있다.

무지개는 스펙트럼 자체. 무수히 존재하는 연속된 색을 보고 있기 때문에 그 나라나 민족이 갖고 있는 색 이름의 풍부함과도 관계가 있다.

나에게는 48색으로 느껴져요

 무지개의 신화

 중국에서 무지개는 용에 비유되기도 하지만, 일본에서는 저 세상과 세상을 연결하는 것으로 간주했습니다. 무지개가 걸리는 곳에 신들이 내려와 있다고 생각한 것이지요.

검은 고양이는 불길하다?

◉ 불길한 존재로 취급받는 검은 고양이

검은 고양이는 불길한 존재로 인식되어 왔다. 유럽에서는 마녀사냥을 할 때 검은 고양이도 함께 잡아들인 슬픈 역사가 있다. 검은 고양이는 마녀처럼 특수한 능력을 갖고 있다고 믿고, 마녀의 그림자를 느끼는 불길한 존재로 미신을 믿는 사람들 사이에서 전해졌다.

'검은 고양이가 앞을 가로지르면 불길한 일이 일어난다'는 미신을 들어본 적이 있는 사람도 많을 것이다. 검은 것의 힘에서 불길한 이미지와 결부된 게 아닐까.

◉ 행운을 상징하게 된 배경

지금은 검은 고양이라고 하면 불길한 존재라기보다 예쁜 고양이로 인식되고 있다. SNS를 이용한 설문조사에서도 검은 고양이를 불길한 생각하는 사람은 불과 7%에 불과했다. 유명한 일본 운송회사의 캐릭터이기도 한 검은 고양이의 인기는 날로 높아지고 있다.

또한 행운과 고양이의 관계를 생각하면 일본에는 마네키네코*가 있다. 장사가 잘 되기를 기원하는 행운의 간판이다. 도쿄의 고토쿠지(豪德寺, 마네키네코의 전설이 전해지는 곳) 문전에서 손짓하는 고양이에 이끌려 한숨 돌리고 있다가 번개를 피했다는 일화도 전해진다(여러 가지 설이 있다).

마네키네코는 흰색 이외에도 다양한 색이 있고, 색마다 원하는 기원 내용이 다르다고 한다. 검은색은 액막이, 노란색은 재운, 파란색은 학업 향상 등 지역에 따라 색과 기원이 다르니 시험해 봐도 좋을 것 같다.

---

*마네키네코(招き猫) : 앞발로 사람을 부르는 형태를 한 고양이 장식물이다. 길조를 부르는 물건의 일종으로, 주로 상가 등에 장식해서 사업 번영을 기원한다.

불행? 행운? 검은 고양이의 존재

가로질렀다!

검은 고양이가 앞을 가로지르면 불길하다고 여기거나 마녀의 사역마로 간주하기도
했다. 검은 힘에서 불길한 이미지와 연관됐을지도.

SNS에서 검은 고양이를 불길하게
느끼는지, 아니면 행운을 가져다 줄
것 같은지를 설문조사한 결과, 많은
사람들이 불길하게 느끼지 않는 것
으로 나타났다.
(포포 포로덕션 조사 2020년, 183명)

검은 고양이는 사랑
받는 절친한 동반자
가 되고 있다.

불길하게 느낀다	7%
행운을 가져다 줄 것 같다	30%
둘 모두 느끼지 않는다	63%

  검은 고양이는 복 고양이

검은 고양이는 복 고양이로 액막이와 행운의 상징이 될 수도 있습니
다. 영국에서는 검은 고양이를 소중히 하면 고기잡이 때 좋은 날씨를
선사받을 거라고 믿고 많은 선원이 검은 고양이를 찾았다고 합니다.

우체통 색 / 방향과 색

⊙ 세계의 우체통 색

빨간색 우체통은 유목성이 높아 눈에 잘 띈다. 우리나라의 우체통이 빨간색인 것은 영국에서 우편제도를 도입했기 때문인데, 이때 우체통 색상도 영국을 참고한 것으로 알려져 있다.

그러나 전 세계로 눈을 돌리면 빨간색 우체통만 있는 것은 아니다. 미국은 파란색, 영국은 빨간색, 프랑스, 독일, 스페인 등에서는 노란색이 주류이고 중국은 진한 녹색이다.

⊙ 방향과 색

나라마다 방향에 따라 색을 정해 놓은 경우도 있다.

중국에는 자연 철학의 사상에서 만물은 나무, 불, 흙, 쇠, 물의 5가지 원소로 이루어져 있다는 오행 사상(오행설)이라는 것이 있다. 이것은 일본 음양도*의 기원으로 알려져 있다. 방향도 색이 할당되어 있어 동쪽이 파란색, 남쪽이 주황색, 가운데는 노란색, 서쪽은 흰색, 북쪽은 검은색으로 되어 있다.

마야 문명은 자신들이 사는 중심이 녹색, 동쪽이 빨간색, 남쪽이 노란색, 서쪽이 검은색, 북쪽이 흰색이라고 보고 태양이 떠오르는 동쪽을 빨간색으로, 태양이 지는 서쪽을 검은색으로 봤다.

미국의 원주민인 나바호족*은 동쪽은 새벽의 색이라고 해서 흰색, 서쪽은 황혼의 색이라고 해서 노란색, 남쪽은 낮의 하늘색인 파란색, 북쪽은 그림자의 색인 검은색이라고 받아들였다고 한다. 북쪽을 불모의 땅이라고 해서 검은색으로 표현하는 민족은 많다.

----

*음양도(陰陽道) : 중국 고대의 음양설·오행설(오행설)에 바탕을 둔 신앙적 사상
*나바호족(Navajo) : 미국의 남서부 지역에 거주해온 아메리카 원주민 인디언 부족

세계의 색 ❶

세계의 우체통 색

우체통의 대부분은 빨간색이다. 빨간색은 눈에 확 띄어 어디에 있는지 쉽게 알 수 있다. 빨간색 우체통은 색채 심리적으로도 합리적인 이유가 있다.
한편 프랑스, 독일, 스페인 등 유럽 국가에서는 노란색 우체통이 주류를 이루고 있는 등 빨간색만 있는 것은 아니다.

방향과 색

오행설의 색과 방향

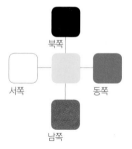

방향 외에 사계절도 오행의 추이에 따라 변화한다고 생각했다.

나바호족의 색과 방향

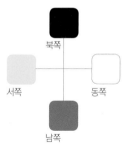

북쪽을 불모의 땅으로 여기고 검은색으로 표현하는 민족은 많다.

P O I N T 검은 우체통

일본의 우편제도가 시작된 것은 1871년. 나무로 만든 상자로 검게 칠한 길쭉한 우체통이 등장했습니다. 그런데 우체통을 보고 화장실을 떠올리는 사람이 있기도 하고 검은색이다 보니 밤에는 보이지 않는다는 불만이 있었습니다.

세계의 색 ❷

기업이 선호하는 파란색 / 신이 선택한 색

◉ 기업이 선호하는 색은 파란색

파란색을 즐겨 쓰는 기업은 많다. 파란색은 충성과 안정을 느끼게 하는 색이기 때문이다. 소비자에게 신뢰감을 주기 위해 기업에서는 특히 파란색을 선호하는 경향이 있다. 또한 파란색은 앞서 나간다는 느낌을 줘서 미래로 나아가는 이미지도 심어줄 수 있다.

전 세계에서 파란색은 많은 나라에서 사랑받고 있다. 노란색과 녹색은 국가와 지역에 따라서는 크게 선호하지 않기도 하지만, 파란색은 예외적으로 어느 나라에서도 부정적인 이미지를 갖고 있지 않다. 글로벌 무대 진출을 고려하는 기업에 파란색은 아주 좋은 색이다.

또한 서양과 동양에서는 로고에 대한 생각에도 차이가 있어, 시인성과 식별성을 우선하는 서양은 의미를 소중히 하는 동양과 온도차가 있는 것도 있다.

◉ 신이 선택한 색

구약성서의 출애굽기, 이스라엘인을 이끈 모세가 시내산(M. Sinai)에서 하나님으로부터 십계명 석판을 받은 이야기는 유명하다. 이때 모세는 하나님으로부터 제복과 헌납품 등의 색도 지시받은 것으로 알려져 있다.

제복은 파란색, 보라색, 비색(緋色, 불빛과 같이 짙은 분홍색) 털실을 사용하고, 헌납품은 금색, 은색, 청동색, 파란색, 보라색, 비색의 털실, 흰색 아마사, 산양의 털을 빨갛게 염색한 것을 준비하도록 지시받았다고 한다. 이들 색은 하나님이 선택한 색이라고 생각하면 특별하게 느껴지지 않을까.

세계의 색 ❷

기업이 선호하는 색은 파란색

파란색을 선호하는 기업은 매우 많다. 파란색은 충성심과 안정감을 느끼는 색으로 파란색이 지닌 긍정적인 이미지를 기업 이미지로 사용할 수 있다는 장점이 있다.

파란색은 유일하다고 할 정도로 전 세계적으로 호감을 받는 색이다. 글로벌 무대 진출을 노리는 기업이라면 기업 색으로 파란색을 사용하는 것이 정답일지도.

신이 선택한 색

구약성서에는 하나님이 선택했다고 하는 금색, 은색, 파란색, 청동색, 보라색, 빨간색, 흰색의 색이 기록되어 있다.

P O I N T 이집트에서도 희귀한 보라색

하나님이 선택한 색은 모세가 살았던 이집트에서 비교적 구하기 쉬운 것이 많았지만, 보라색은 구하기 어려웠을 것입니다. 보라색은 이집트 근처에 있는 가나안 지방의 특산품이며, 염색에는 엄청난 조개를 사용해야 하기 때문에 매우 귀중한 색이었습니다.

색채 감각을 높인다 ③
색채 분석력

색채를 분석하는 능력은 색과 색을 더하면 무슨 색이 될까, 이 색은 어떤 색과 어떤 색을 분해하여 만들까 하는 색의 구성 요소를 생각할 수 있는 힘이다.

색채 분석력은 색의 수치를 의식하면서 색을 보다 보면 점차 길러진다. 실제로 물감을 사용하여 색을 만들어보자.

색을 감각이 아니라 수학적이고 논리적으로 파악하는 것이 중요하다.

색 분석력이 높아지면 사람의 성격을 분석할 때도 도움이 된다. 예를 들어 적자색을 좋아하는 사람의 성격은 빨간색을 좋아하는 사람의 성격과 보라색을 좋아하는 사람의 성격을 겸비한 예가 많다는 사실 등을 확인할 수 있다.

색채 감각을 높이는 미니 테스트

Q1. 아래의 두 가지 색을 조합하면 어떤 색이 될까? (감산혼색)

Q2. 이 색 을 분해하면 어떤 색과 어떤 색이 될까? (감산혼색)

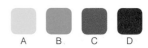

4장

색의 유래

이 장에서는 색의 유래에 대해
이야기를 할 겁니다.
다시 말해, 색의 유래,
즉 색은 어디에서 시작했는지에 대한 이야기입니다.
일례로 청자색은 색의 역사에서 보면
새로운 색이랍니다.
지금부터 색의 유래를 알아봅시다.

색의 시작과 사용 방법

⊙ 색에는 유래가 있다

언제부턴가 TV에서 유도 경기를 보다가 파란색 유도복을 입고 있는 선수를 보고 "어? 옛날에는 흰색 유도복만 입었는데"라고 느낀 사람도 있을 것이다.

시합하는 선수들을 더 확실하게 구분하려는 의도에서 유도복은 흰색과 파란색으로 바뀌어왔다.

이처럼 우리 주변의 색에는 시초가 되는 유래가 있다. 이 장에서는 색의 시작에 대해 깊이 파고든다.

거기에는 필연적인 것도 있는 대신 색이 가진 의외의 사실도 숨어 있다.

⊙ 빨간색 관련 에피소드가 많은 이유

예를 들어 '운명의 붉은 실'이 빨간색인 이유와 립스틱이 붉어진 데는 필연적인 이유가 있다. 홍일점(紅一點)의 붉은색(紅)과 같이 시대와 함께 의미가 변화하고 있는 것도 있다.

색 이름에 빨간색이 많은 것처럼(192페이지), 빨간색과 관련한 에피소드도 많이 있다.

여러분에게 많은 유래를 알리고 싶은 마음에 한 페이지에 두 가지 유래를 소개하는 등 많은 내용을 준비했다. 색의 유래를 통해 색채의 재미와 색채 심리가 얼마나 널리 퍼져 있는지를 느껴보기 바란다.

색의 시작은?

파란색 유도복이 채택된 이유

파란색 유도복의
유래는 무엇일까?

유럽에서는 TV 방송에서 선수를 쉽게 알아볼 수
있다는 이유로 파란색 유도복이 채용된다.

관람객이 알기 쉽고, TV에서 돋보여 수입이 증가하는 한편,
흰색 유도복은 깨끗한 마음의 상징이라는 생각에서 이론을
제기하는 사람도 있다.

해외에서 더 합리적으로 색상을 받아들이고 있는 예.

색의 유래

| 그 색깔인 것이
필연적인 것 | | ·운명의 실이 빨간색인 이유
·웨딩드레스의 흰색
·경찰차의 배색 |

| 도중에
의미가 바뀐 것 | | ·홍일점의 붉은색(紅)
·립스틱이 빨개진 이유
·산타클로스의 색
등 배경이 다르다 |

빨강은 행복을 부르는 귀한 색

⦿ 운명의 붉은 실의 일화

'운명의 사람은 붉은 실로 연결되어 있다'고 일본인의 97%가 알고 있다 (2020년, 포포 포로덕션 조사, 164명 대상). 이 이야기는 옛날 중국에서 쓰인 유서(자료를 모아 정리한 책)에 나온 일화 중 하나이다.

어느 마을에서 한 노인을 만난 청년은 맺어지는 상대는 빨간색 줄로 다리와 다리가 묶여 있다는 말을 듣는다. 청년과 붉은 줄이 연결되어 있는 것은 이 마을에 사는 가난하고 못생긴 어린 소녀라고 노인은 말한다. 화가 난 청년은 어린 소녀를 죽이라고 명령하는데, 죽이는 데는 실패하지만 소녀의 이마에 상처를 냈다.

그리고 몇 년 후, 청년은 상사의 딸을 소개받아 결혼을 하게 됐는데, 둘 사이에 낳은 딸의 이마에 그때의 상처가 있었다는 이야기이다.

⦿ 붉은 실이 빨간색인 이유

이 이야기가 일본에 들어와서 줄에서 실로, 다리에서 약속을 맺을 때 사용하는 손가락으로, 결혼은 운명의 사람이라는 표현으로 바뀌어서 전해진 것으로 생각한다.

빨간색은 옛날 중국에서는 행복을 부르는 귀한 색으로 여겼다. 중국의 설날이나 결혼식에서는 빨간색(紅)을 아주 사용한다.

빨간색은 힘을 표현하는 대표적인 색이다. 운명이라는 힘과 중국의 혼례를 표현한다면, 빨간색 이외의 대안은 없을 것이다. 실은 보이지 않아도 거기에는 강한 운명이 있다는 생각이다.

강한 운명은 빨갛다?

운명의 사람(결혼하는 사람)과는 붉은 실로 연결되어 있다는 일화가 있다. 왜 안 보이는데 붉은 실일까?

초홍색
중국의 국기에 사용되는 빨강에 가까운 색. 이 색에 가까운 색상이 많이 사용된다.
C13 M94 Y100 K0
R211 G44 B24
7.5R 4/12

진홍색
중국 고유의 빨간색으로 오렌지색에 치우쳐 있다. 중국의 빨간색 계열 전통색에는 이 색의 계열이 많다.
C6 M61 Y82 K0
R233 G128 B52
1YR 6/12

빨간색은 중국에서는 행복을 전하는 귀한 색상으로 간주하고 있다. 신부의 의상은 빨간색 일색이며, 빨간색 젓가락을 혼수로 가지고 가는 풍습도 있다. 운명을 표현한다면 빨간색 이외의 색은 생각할 수 없을 것으로 보인다.

 쌍둥이 불꽃(트윈 프레임)

영적 세계로 눈을 돌려봅시다. 운명의 붉은 실과 비슷한 이야기로, 세상에는 자신과 쌍둥이 불꽃(영혼)을 가진 결혼 상대가 있다는 생각과 전설도 있습니다. 유대인도 액막이로 붉은 실을 손목에 감기도 하는데요, 빨간색은 그런 색이랍니다.

여러 가지 의미가 가미된 역사

◉ 립스틱의 역사

립스틱의 역사는 길다. 기원전 수만 년 전부터 인류는 마귀가 입과 귀로 들어오지 못하도록 붉은색을 바르는 습관이 있었다고 한다. 빨간색이 가지는 강한 힘(이미지)이 액막이 역할을 한 것이다.

기원전 3000년경 고대 이집트의 립스틱은 주술적인 의미가 강했고, 점차 장식적인 의미가 가미됐다. 16세기 르네상스시대가 되자 장식의 의미가 한층 더 강해졌다. 회화의 세계에서 뛰어난 기법이 탄생하는 동시에 장식적이고 화려한 복식 문화가 확산하면서 립스틱 색도 더 선명해졌다. 17세기 들어서는 장밋빛 뺨과 립스틱을 아름답다고 여겼다.

◉ 현대의 립스틱의 의미

일본에서는 메이지시대 이후 메이크업에 립스틱이 사용됐다. 현대의 립스틱은 자기표현, 몸가짐, 연애 기능의 의미가 있다.

자기표현을 위한 미묘한 색의 갖가지 립스틱이 출시되어 자신만의 미적 표현을 할 수 있게 됐다. 립스틱을 바르는 것이 사회생활을 하는 여성의 예절로 관습화된 측면이 있다.

또한 연애 기능(자손 번영)으로서 립스틱의 역할도 있다. 입술 색에 매료되어 영향을 받는 사람은 많다. 붉은색 입술은 남성을 끌어당기는 수단이기도 하다.

립스틱의 유래와 역할

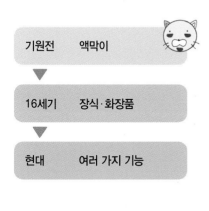

기원전	액막이
16세기	장식·화장품
현대	여러 가지 기능

회화의 발달과 함께 립스틱은 장식적인 요소를 더해간다.

립스틱의 색과 느낌

립스틱의 역할

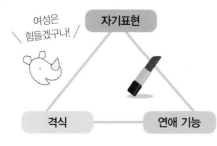

여성은 힘들겠구나!

자기표현

격식　　연애 기능

○ 빨간색 계열
·자신에게는 힘
·이성에게는 사랑의 호소

○ 오렌지색 계열
·자신에게는 건강(활기)
·이성에게는 친근감

○ 분홍색 계열
·자신에게는 부드러움
·이성에게는 귀여움

P O I N T　립스틱 사용률

2016년 화장품 업체가 조사한 데이터가 있습니다. 15세부터 74세까지 립스틱 사용률은 61%. 연령별로는 15세에서 19세가 41%, 40세 이상은 전 세대에서 60%를 넘는데요. 개성, 격식, 미의식…. 여성은 참 힘들겠어요.

생판 남 / 홍일점

⊙ '완전 남'을 뜻하는 빨간색의 의미

일본에서는 전혀 관계없는 사람을 '생판 남(赤の他人)'이라고 한다. 왜 빨강일까? 백지(白紙)라는 표현을 생각하면 오히려 흰색이라고 하는 편이 '모르는 사람'을 의미하는 표현으로는 더 적합할 것 같은데 말이다.

그런데 빨강은 '분명히'라는 의미가 있다. 즉 붉은색을 한 사람이 아니라 분명히 모르는 사람이라는 의미로 사용되고 있다.

그리고 빨강이 가지고 있는 강한 이미지가 남을 강조하고 있다. 정말 관련이 없는 느낌을 표현하고 있는 것이다.

⊙ 홍일점의 홍(紅)은 여성이 아니다

여러 남성 중에 여성이 혼자 섞여 있을 때 홍일점이라는 표현을 사용한다. 이 말의 유래는 중국의 시인인 왕안석*이 만든 시에 등장한다.

그 시는 녹색 초원에 한 송이의 석류꽃이 피는 것만으로도 봄의 풍경은 사람을 감동시킨다는 내용이다. 이것이 우리나라에 들어오면서 여럿 있는 중에서 딱 하나 이색적인 존재가 있는 것의 비유와, 많은 가운데 혼자만 뛰어난 재능이 있음을 가리키는 의미로 사용하게 됐다.

그런데 꽃이라고 하는 점도 있어 어느새인가 여성을 비유하게 됐고, 남성들 중에 혼자 있는 여성을 가리키는 의미로 사용하게 된 것이다.

----

*왕안석(王安石, 1021~1086년) : 북송(北宋)의 저명한 정치가이자 문학가

생판 남 / 홍일점

생판 남에서 빨간색의 의미

생판 남이라고 해도 그 사람이 빨갛다는
얘기는 아니다.

강조의 의미로 빨간색이 사용되고 있다.

홍일점의 홍(紅)은 여성이 아니다

홍일점이란 녹색 초원에서 딱 한 송이
빨간색 꽃이 핀 상태를 말한다.

그것이 변화해서 여러 명의 남성 중에
여성이 혼자 있는 것을 가리키게 됐다.

POINT 새빨간 거짓말

새빨간 거짓말도 명백하다는 의미로 사용됩니다. 새빨간 거짓말은
빨간색 거짓말이 아니라 새빨갛기 때문에 분명한 거짓말이라는 뜻
입니다.

빨간색 산타 / 흰색 웨딩드레스

⊙ 빨간색 산타클로스의 비밀

산타클로스라고 하면 빨간색 옷이 연상되지만, 옛날부터 빨간색은 아니었다. 파란색, 녹색, 보라색 옷을 입었다는 자료도 발견됐다.

산타클로스의 모델이 된 것으로 알려진 것이 4세기의 주교 니콜라스이다. 그는 가난한 집의 굴뚝에 금화를 던졌고 그것이 벽난로에 있던 양말에 들어갔다고 한다.

1931년에 코카콜라가 광고에 사용하기 위해 산타클로스에 자사의 이미지 컬러인 빨간색 옷을 입혔다. 이 광고의 이미지가 전 세계로 확산되어 산타클로스 하면 빨간색 옷의 이미지가 정착됐다고 한다.

⊙ 웨딩드레스가 흰색인 이유

하얀 웨딩드레스를 입기 시작한 것은 18세기경 유럽이라고 알려져 있다.

원래 하얀색 드레스는 기독교의 혼례용 의상이었다. 긴팔과 긴 장갑, 얼굴을 가리는 베일이 있는 디자인은 피부 노출을 최대한 억제하는 것이 요구되는 종교적인 의미가 강한 것이었다.

기독교에서 흰색은 하나님의 영광과 청결함을 표현하는 것이며, 처녀와 순결의 상징이기도 하다. 1840년 영국 빅토리아 여왕의 결혼식에서 흰색 드레스를 입은 모습이 신문과 잡지에서 크게 다뤄지면서 민중의 흰색에 대한 동경이 높아진 것 같다.

색 이미지의 정착

빨간색 산타클로스의 비밀

산타클로스 하면 빨간색 이미지가 상식이지만,
그 옛날 산타클로스는 다양한 색의 옷을 입었다.

코카콜라가 자사의 제품 홍보에
빨간색 옷을 입은 산타클로스를
등장시켰다.

웨딩드레스가 하얀 이유

웨딩드레스의 흰색(예)

순백(흰색)
신부의 청초함을
돋보이게 한다.

C0 M0 Y1 K0
R255 G255 B253
N9.5

미색
한국인에게 가장
익숙한 흰색이다.

C5 M6 Y12 K0
R245 G240 B228
10YR 9/1

아이보리
자연스럽게 갈색
머리에 어울리는
색이다.

C0 M1 Y12 K5
R248 G245 B227
2.5Y 9/2

웨딩드레스의 기원은 18세기경
유럽으로 거슬러 올라간다.

 일본의 결혼 의상

 일본에서는 무로마치시대부터 혼례에서 위아래 모두 흰색 의상(白
無垢)을 입는 관습이 있었습니다. 어떤 색에도 물들지 않은 순수무
구를 의미한답니다. 백무구는 3일 입고 나서 색이 있는 옷으로 갈아
입는 것이 관습이었습니다.

흑백을 가리다 / 경찰차의 배색

흰색과 검은색 배색의 비밀

◉ 흑백을 가리다의 흰색과 검은색

사물의 우열을 가리고 결판을 짓는 것을 흑백을 가린다고 해서 흰색과 검은색을 사용하여 표현한다. 검은색이 먼저 나오는 게 일반적인 표현이다.

이 말은 바둑에서 유래한다. 바둑은 상급자가 흰색 돌을 갖고 검은색 돌을 가진 사람이 먼저 수를 놓는다. 게임의 특성상 앞에 수를 놓은 사람이 유리하기 때문이다. 검정 돌을 가진 사람이 약하고, 흰색 돌을 가진 사람이 강하다는 도식이 성립한다.

이 때문에 어느 쪽이 강한지 분명히 밝히고 싶은 경우, 어느 쪽이 흰색 돌을 가질 것인가 하는 의미에서 흑백을 가린다는 표현이 생겨난 것이다.

◉ 경찰 순찰차의 색에 숨겨진 기능

일본의 순찰차(경찰차)는 1950년 미군에서 오픈카를 물려받은 것에서 시작한다. 처음에는 흰색 자동차였지만, 당시 일반 차량의 색이 흰색이 많았기 때문에 1955년에 전국적으로 아래쪽을 검은색으로 칠해 투톤으로 한 것이 현재의 원형이다. 흑백으로 구분한 것은 낮과 밤 언제든 구별하기 쉽도록 시인성을 고려한 것이었다.

검은색 부분이 아래로 되어 있는 것도 의미가 있다. 경찰차가 보급되던 시절에 도로 포장이 완비되어 있지 않았기 때문에 아랫부분을 검은색으로 칠해서 오염이 눈에 띄지 않도록 한 것이다.

흑백을 가리다 / 경찰 순찰차의 배색

'흑백을 가린다'의 흰색과 검은색

바둑은 검정 돌을 가진 사람이 약하고, 흰색을 가진 사람이 강하다. 어느 쪽이 흑백 돌을 가질 것인가를 명확히 구분하려고 한 의도에서 유래됐다.

경찰 순찰차(일본)의 색에 숨겨진 기능

흰색은 밤에 눈에 띈다.

검은색은 낮에 눈에 띈다.

낮에도 밤에도 눈에 잘 띄도록 고안되어 있다. 아래를 검은색으로 해서 얼룩이 눈에 쉽게 띄지 않는다.

P·O·I·N·T 넘치는 바둑 용어

바둑에서 유래되는 표현은 아주 많습니다. 정석(定石)은 바둑 용어로 최선이라고 여기는 일정한 수를 말하지요. 경의를 표하다, 차질이 생기다, 활로를 찾다, 아마추어와 프로도 바둑에서 유래한 말입니다.

정치와 색의 유래

미국 백악관의 흰색 /
일본 국회의 흰색과 파란색

⊙ 백악관의 흰색의 유래

미국 백악관은 애초 흰색 건물이 아니었다.

대통령 관저는 1812년 미영 전쟁 때 소실됐다. 당시의 대통령 제임스 매디슨James Madison(미국의 제4대 대통령, 재임 1809~1817년)은 타다 남은 외벽을 살려서 관저를 재건했다. 그을린 외벽을 감추기 위해 하얗게 칠한 것이 백악관의 시작이다. 그리고 결과적으로 흰색으로 칠함으로써 성실하고, 밝고, 새로운 정치라는 인상을 심어줘 심리적으로도 뛰어난 대통령 관저라는 이미지가 자리 잡았다.

⊙ 일본 국회의 파란색과 흰색 표

일본 국회에서 표결을 할 때 의원의 이름이 적힌 흰색 표와 파란색 표를 사용한다. 찬성은 흰색, 반대는 파란색을 사용한다.

그런데 색채 심리로 보면 모두 찬성한다는 의미가 있기 때문에 까다롭다. 흰색은 반론의 의견이 없다는 이미지에서 찬성에 어울린다. 파란색은 전진해달라, 신뢰한다는 의미가 있어 역시 심리적으로 찬성한다는 의미가 있다.

실제로 찬성에 표를 던지려고 했던 의원이 무의식적으로 파란색 표를 들어버렸다는 이야기도 있다. 흰색과 파란색의 표(꼬리표)를 사용하는 프랑스 의회의 투표 형식을 모방한 것으로 알려져 있다.

프랑스 의회에서는 국기의 색에 빗대어 흰색을 찬성, 파란색을 반대, 빨간색을 기권으로 정해놓고 있기 때문이다.

미국 백악관의 흰색 /
일본 국회의 흰색과 파란색

백악관이 흰색인 이유

처음에는 흰색이 아니었지만, 그을린 외벽을 숨기기 위해 회칠한 것이 백악관의 시작이다.

백악관에 있는 흰색이 아닌 방

레드 룸
객실과 음악실로 사용한다.

블루 룸
방과 방을 연결하는 통로로도 사용한다.

그린 룸
옛날에는 식당으로 사용했고 지금은 연회장으로 사용한다.

※ 매우 짙은 색을 사용한다.

국회의 흰색과 파란색 표(일본)

자리에는 이름이 적힌 흰색과 파란색의 목패가 놓여 있다.

• **흰색 표**
찬성할 때 사용한다.

• **파란색 표**
반대하는 경우에 사용한다. 청록색에 가깝다.

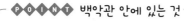
POINT 백악관 안에 있는 것

참고로 블루 커튼과 카펫으로 장식된 블루 룸은 응접실로 사용되고 있습니다. 레드 룸은 적자색과 빨간색으로 장식되어 있고 역대 영부인들에게 사랑받은 방이지요.

호색남 / 흑막

◉ 호색남의 색이란 무슨 색?

외모가 뛰어난 잘생긴 남자, 여성에게 인기가 많은 남성을 형용하는 호색남(好色男). 미남이 외형을 가리키는 의미가 강한 반면 호색남은 여성에게 인기가 있음을 강조할 때 사용되는 경향이 있다.

호색남은 가부키에서 유래한다. 남녀의 정사 장면을 연기하는 누레고토시(濡事師)*를 살갗이 흰 미소년으로 보이기 위해 얼굴을 하얗게 칠했다. 누레고토시는 어느새 호색남이라고 불리게 된 것이다. 즉 호색남의 색은 흰색을 의미한다.

◉ 흑막은 왜 검은색인가?

영화나 드라마에서 '이 사람이 범인'이라고 생각하고 있었는데, 알고 보니 뒤에서 조정하는 사람이 있다. 이와 같이 뒤에서 큰 영향력을 지닌 흑막이라는 말도 가부키 용어이다.

흑막은 밤을 나타내는 것으로 배경에 흑막이 드리우면 밤 장면으로 바뀌는 것을 나타낸다. 또한 흑막에는 작은 크기의 것도 있고 무대에서 죽은 사람을 가리기 위하여 등장해서 그대로 배우와 함께 사라질 때도 사용한다. 흑막은 관객에게 보이지 않는 존재이며, 연극을 음지에서 만드는 역할을 한다.

여기에서 의미가 바뀌어 무대에서 영향력을 가진 흥행 주인공 등의 존재를 흑막이라고 부르게 됐다. 흑막의 흑(黑)은 보이지 않는다는 의미로 나쁜 의미가 아니었지만, 검은색의 이미지와 맞물려 이제는 악역의 상징이 됐다.

---

*누레고토시(濡事師) : 호색가. 정사 연기를 하는 배우, 전하여 정사에 능한 사람

호색남 / 흑막

호색남의 색은 무슨 색?

호색남이란 여름이 어울리는 밝고
엷은 구릿빛 피부를 한 스포츠맨을
말하는 걸까?

유래는 가부키의 누레고토시. 피부색이
하얀 미소년을 호색남이라고 한다.

흑막은 왜 검은색일까?

흑막은 가부키의 흑막에서 유래한다. 시체를 가리거나
음지에서 연기에 영향을 주는 존재였다.

그것이 바뀌어서 음지에서
영향력 있는 사람을 흑막이
라고 부르게 됐다.

 **POINT** 미남자

미남자라는 말도 가부키에서 온 단어입니다. 잘생긴 외모에 추가해
서 성격과 태도의 장점을 포함하여 표현하는 일이 많아요. 얼짱에
성격이 좋다는 의미로 사용하기도 합니다.

행사와 색의 유래

블랙데이 / 흰색 상복

◉ 한국의 블랙데이

한국에는 블랙데이라는 기념일이 있다. 이것은 밸런타인데이와 화이트데이에 연인이 생기지 않은 남녀가 4월 14일에 검은색 옷을 입고 모여 검은색 자장면을 먹는 관습이다. 연인이 없는 어두운 기분을 검은색으로 비유해서 검은색을 먹자는 유머가 담겨 있는 것 같다. 또한 자유의 몸임을 어필하는 일종의 만남의 장이 되고 있다고도 알려져 있다.

◉ 검은색 상복은 흰색이었다

〈일본서기〉에 등장하는 시대에 상복은 흰색이었다. 그런데 헤이안시대가 되자 검은색으로 물들인 색을 입도록 정해짐에 따라 검은색 상복을 입게 됐다. 헤이안시대의 〈겐지모노가타리〉에도 짙은 검은색으로 염색한 상복이 등장한다.

그리고 무로마치시대에 들어 상복은 흰색으로 되돌아간다.

에도시대의 상복은 흰색의 가미시모(裃), 여성은 시로무쿠(白無垢)*의 코소데*에 흰 술띠를 입는 것이 일반적이었다. 1897년에 에이쇼왕후(英照皇太后)의 장례식이 거행될 당시 전 세계에서 참가한 각국 국빈의 모습을 보고 일본 정부는 서양의 장례식을 도입한 것으로 알려져 있다. 그때 참석자는 유럽의 장례식에서 일반적이었던 검은색 상복을 입고 있었다고 한다.

그 후 청일, 러일전쟁 시대에 장례가 늘자 대여점에서 검은색 상복을 빌려주기에 이르렀고 검은색 상복이 일반화됐다고 알려져 있다.

---

*시로무쿠(白無垢) : 위아래 모두 흰 복장. 맑고 깨끗함을 뜻하며 본디 경사(慶事)에 입었다.

*코소데(小袖) : 옛날 넓은 소매의 겉옷에 받쳐 입던 속옷으로 현재 일본옷의 원형

블랙데이 / 흰색 상복

한국의 블랙데이

한국에는 밸런타인데이와 화이트데이에 커플이 생기지 않은 사람들이 4월 14일에
검은색 자장면을 먹는 블랙데이라는 것이 있다.

검은색 상복은 흰색이었다

에도시대에 상복은 흰색이었지만, 메이지시대에 들어 국제화의 물결 속에서 일본의 상복은
검은색으로 바뀌었다.

POINT 한국의 매월 14일

한국에는 매월 14일에 여러 가지 기념일을 정해 놓고 즐깁니다. 예
를 들어 5월 14일은 옐로데이. 블랙데이가 지나도 연인이 생기지 않
은 경우 노란색 옷을 입고 카레를 먹는답니다. 8월 14일은 그린데이
라고 해서 시원한 산에 가서 삼림욕을 하는 날이에요.

녹색 칠판 / 블랙박스

◉ 녹색을 흑판(黑板)이라 부르는 이유

녹색 신호를 청신호로 부르듯이 실제의 색과 이름이 일치하지 않는 일이 있다. 칠판도 그중 하나이다. 흑판(黑板)은 검은색이 아니라 일반적으로 진한 녹색이나 차분한 녹색을 하고 있다.

메이지시대 초기, 일본에서 학교 제도가 시작하면서 미국에서 블랙보드가 들어왔다.

그 후, 일본에서도 생산되기 시작했지만, 먹물을 바르고 나서 방부효과와 강도효과가 있는 감물*을 바르는 간소한 것이었다. 양산 체제가 정비되면서 검은색은 장시간 보고 있기에는 적합하지 않은 것으로 판명되어 1954년 일본산업규격에 의해 짙은 녹색으로 바뀌었다.

◉ 오렌지색을 블랙이라고 부르는 이유

내용을 알 수 없는 중요한 것이 들어 있는 상자를 블랙박스라고 한다.

항공기에 탑재된 블랙박스는 비행 기록과 콕핏 음성 녹음기의 다른 이름으로 항공기 사고가 일어나면 회수해서 분석한다. 조종석의 음성과 비행 상황을 아는 것은 사고 원인을 규명하는 데 도움이 된다.

사실 블랙박스는 선명한 형광 도료를 칠한 오렌지색이라고 한다. 쉽게 발견할 수 있도록 유목성이 높은 색을 사용하고 있다. 실제로 큰 사고가 일어나도 회수하지 못하는 경우는 매우 드물다.

---

*감물 : 날감의 떫은 즙, 방부제로 목재·베·종이 등에 바른다.

녹색 칠판 / 블랙박스

녹색 칠판

공부하십시오

공부하십시오

검은색은 대비(contrast)가 너무 높아서 눈이 쉽게 피로해진다.

녹색은 눈을 자극하지 않아 피곤해지지 않는다.

오렌지색을 블랙이라고 부르는 이유

비행기에 실린 블랙박스는 실제로는 오렌지색이다.

오렌지색이면 멀리서도 쉽게 눈에 띈다.

POINT 신발장(下駄箱)과 필통(筆箱)

칠판 이외에도 옛말이 남아 사용되는 것이 있다. 예를 들어 신발장에는 나막신(下駄)은 들어 있지 않답니다. 펜케이스라고도 하지만, 필통이라는 말도 남아 있어요. 연필이나 샤프펜슬을 넣지만 문화를 느끼면서 즐겨보세요.

승리와 패배 / 백기

⦿ 스모에서 유래하는 승리와 패배

일본에서는 이기는 것(승리)을 시로보시(白星), 지는 것(패배)을 쿠로보시(黑星)라고 표현한다. 다양한 스포츠에 사용되고 있지만, 이것은 스모에서 유래한다. 별이라고 부르는 것은 에도시대에 둥근 표시가 별로 보였기 때문인 것으로 알려져 있다.

스포츠를 좋아하는 사람이라면 흰색=승리는 상식으로 통할지 모르지만, 그렇지 않은 사람 중에는 흰색=패배라고 생각하는 사람도 있다. 백기(白旗)는 패배를 의미하며, 검은색의 강도에서도 심리적으로 승리를 이미지하는 사람도 있다.

⦿ 백기의 진짜 이유

항복을 의미하는 백기(白旗). 백기를 든 상대는 공격을 해서는 안 된다고 '전시국제법'에도 명기되어 있다.

백기가 흰색인 것은, 흰색이 패배라는 의미를 전달하는 것이 아니다. 이것은 백기를 내걸어 '여기에 상대의 국기를 그려도 상관없다'는 의사를 표시하는 것이다.

그 밖에도 중세 유럽의 교회 행사인 화이트선데이와 연관된 설도 있다.

이날만은 교회의 권위하에 어떤 전쟁도 휴전하는 날이라고 해서 흰색이 휴전을 의미하게 됐다는 것이다.

또한 싸움에서 부상자가 흰 붕대를 흔들어 항복 의사를 표시한 것이 백기의 시작이라는 설도 있다. 흰색 천은 전쟁터에서 붕대로 사용할 수 있기 때문이다.

승리와 패배 / 백기

스모에서 유래한 승리와 패배

승리
몸에 흙이 묻어 있지 않은 상태
= 쓰러지지 않았다
승리를 나타낸다.

패배
몸에 흙이 묻어 있는 상태
= 쓰러졌다
패배를 나타낸다.

백기의 진짜 이유

흰색이 패배를 의미하는 것이
아니라….

당신의 국기를 그려 넣으
라는 뜻이다.

흰 붕대나 헝겊은
전쟁터에서도 구
하기 쉬웠다.

POINT 킨보시(金星)

일본 씨름(스모)에서 히라마쿠(平幕, 요코즈나(橫綱)나 산야쿠(三役)
에 들지 않는 선수). 실제로는 킨보시를 하나 받을 때마다 인센티브에
4만 엔이 추가되는데 이것은 그 선수가 은퇴할 때까지 계속 지급됩
니다. 어떤 의미에서는 진짜 금이라고 할 수 있겠지요.

흰색, 검은색, 빨간색, 파란색

⊙ 검은색과 반대되는 색은 무슨 색?

대부분의 사람들은 검은색의 반대되는 색이라고 하면 흰색을 생각할 것이다. 그런데 색이 생성되는 과정에서 보면 조금 다르다.

고대 일본에서는 색 이름은 흰색, 검은색, 빨간색, 파란색의 네 가지였다. 검은색은 태양이 저문 상태의 어두운, 저물다가 검다로 변화한 것으로 알려져 있다. 한편, 태양이 떠오른 밝은 상태, 밝다, (날이)새다에서 빨강이 태어났다고 한다. 검은색과 빨간색은 밝기에서 반대의 의미를 나타낸다. 색의 의미에서 보면 검정의 반대말은 빨강이다.

분명히는 모르겠지만 덮여 있어 알 수 없는 막연한(漠), 희미한(淡)에서 파랑이 태어났고, 하양은 확실히 보인다라는 의미의 알다(知)에서 파생했다.

⊙ '녹색하다'가 없는 이유

우리는 빨갛다, 파랗다와 같은 식으로 표현하지만, 녹색하다, 보라하다라고는 표현하지 않는다.

'ㅎ다'를 붙여서 형용사화하는 말은 하양, 검정, 빨강, 파랑, 노랑 등의 색에 한정되어 있다. 이들 색은 가장 오래전에 탄생한 색으로, 그 유래가 밝다, 어둡다 등의 상태를 나타냈기 때문에 형용사로 변화되는 것이다.

색 이름은 상태가 아니라 주로 물건의 이름을 따서 붙였기 때문에 형용사로 변화되는 것이다. 다른 색은 '녹색의', '보라색의'라고 표현한다.

색 이름의 역사

· 밝다, 새다
→ 빨간색

· 희미하다, 막연하다
→ 파란색

· 어둡다, 지다
→ 검은색

· 알다, 표시하다
→ 흰색

에~

일본에서는 빨간색과 검은색이 생기고, 그 후에 파란색과 흰색이 생겼다고 믿고 있다.

처음에 생긴 4색(색은 참고색)

보라색은 4색 이후에 생긴 색

형용사화하는 5색

녹색은 파란색과 같은 색으로 여기다가, 색 이름으로 된 것은 비교적 최근의 일이다.

 파란색과 흰색은 명도의 개념

고대 일본에서 파란색은 확실치 않은 애매한 색, 흰색은 뚜렷한 색이라고 한 점에서 이것은 명도의 개념이라고도 할 수 있습니다. 일본에서는 두 가지 색이 생긴 후에 색의 농담 개념이 생겼다. 일본인이 중간색을 좋아하는 이유는 이러한 배경 때문일 것으로 추정됩니다.

소리를 색으로 표현하는 신비

◉ 여성과 어린이의 목소리는 노란색으로 보인다

일본에서는 여성과 어린이의 날카로운 소리를 노란색 목소리라고 표현하는 일이 있다. 소리에 색이 있다고는 느끼지 않는데 왜 노란색이라고 하는 걸까.

그 유래 중 하나는 금속을 문지를 때 나는 날카로운 소리가 여성과 어린이의 목소리와 비슷하다 보니 비명이 됐고 거기에서 변화해서 노란색 목소리가 됐다는 설이 있다.

또 다른 설로는 고대 중국의 경전에서 유래하는 것도 있다. 고대 중국에서는 소리의 높낮이에 음표가 아닌 색으로 표시를 해서 가장 높은 소리를 노란색으로 표시했다고 한다. 고대 중국에서 노란색은 매우 고귀한 색이었다. 그것이 여성과 어린이의 목소리와 결합되는 문화적인 배경을 감안할 때 신빙성은 낮아 보인다.

확실한 유래는 알 수 없지만, 사람들이 노란색에 대해 갖는 '환희, 유쾌'한 이미지를 날카로운 목소리에 비유하는 것이 와닿기 때문일지도 모른다.

◉ 한숨은 파란색?

일본에서는 매우 난처한 상황이나 괴로울 때 쉬는 한숨을 아오이키토이키(青息吐息)라고 한다. 즉 한숨은 파란색이다.

괴로울 때 얼굴이 창백해지고, 그 상태에서 내뱉는 한숨에는 파란색이 묻어난다는 것을 표현하고 있다. 크게 내쉬는 숨이 와전됐다는 설도 있다. 파란색 한숨을 뜻하는 건 아니다.

즐겁기 때문에 노란 목소리?

날카로운 목소리는 노란색이라고 한다.

한숨은 파란색이라고 한다.

〈대중탕〉(에도시대)에는 남성이 목욕탕에서 노래하는 목소리를 노란색 소리라고 묘사
했다. 에도시대에는 그 밖에도 흰 소리 등 다섯 가지 색으로 목소리를 표현했다.

도 레 미 파 솔 라 시

노란색을 보면
·환희
·유쾌
와 같은 이미지를
떠올리는 사람도 많다.

니가타 대학의 연구에서 소리를 듣고 색을 느끼는 색청
공감각자 15명을 대상으로 소리와 색의 조사를 실시했
다. 15명의 평균적인 소리는 125페이지의 광 스펙트럼에
가까운 색이었다.

POINT 공감각

어느 자극에 대해 일반적으로 받는 감각 이외에 다른 감각을 느끼
는 것을 공감각이라고 합니다. 소리의 색이 보이는 사람도 있고, 특
정 소리에 공통의 색을 보기도 합니다. 도는 빨강, 레는 노랑, 미는
녹색으로 보는 사람이 많이 있는 것 같습니다.

색채 감각을 높인다 ④
색채 기억력과 재현력

색을 기억하고 재현하기 위해서는 정확한 색의 등급을 이해하고 잘 사용해야 한다. 이것이 색채 기억력, 재현력이다. 유용성의 관점에서 먼셀값을 사용할 것을 권장한다.

색을 볼 때 먼셀값을 떠올리는 것이 중요하다. 이것도 많은 색과 먼셀값을 비교해 보는 것이 중요하다. 셀 값의 추정값은 DIC COLOR 등의 응용 프로그램을 사용하면 쉽게 확인할 수 있다.

자신이 본 먼셀값과 실제 수치가 차이가 있지 않은지 반복해서 확인하고 연습하다 보면 정확한 수치를 알 수 있다.

세세한 숫자에 집착할 필요는 없다. 색상은 2.5단위, 명도와 채도는 1단위로 파악할 수 있으면 충분하다.

> 색채 감각을 높이는 미니 테스트

Q1. 4장의 시작 페이지에 등장한 캐릭터의 모자 색깔은 무엇일까?(다시 들춰보면 안 된다)

A   B   C   D

정답 Q1. C

5장

단색, 배색과 이미지

5장에서는 색과 이미지의 관계를 살펴봅니다.
단색뿐만 아니라 배색의 이미지,
그리고 습(襲, 죽은 사람에게 옷을 갈아입히는 절차)에
대해서도 알아볼 텐데요.
글로 설명하기보다는
알기 쉽게 색으로 설명할까 합니다.

이미지를 이해한다

개인차가 큰 이미지의 세계

색채 심리의 지식은 색의 기초, 색의 성질을 제대로 이해하고 마음에 미치는 효과를 배움으로써 이해를 깊이 할 수 있다.

이와 함께 중요한 항목이 색이 갖는 이미지이다. 이미지는 다양한 현장에서 색을 제안할 때 유용하게 사용할 수 있다. 살아있는 색채 심리를 활용하기 위해서는 이미지를 마스터하는 것이 중요하다.

이 장에서는 색과 이미지의 관계를 설명하고 있다.

◉ 이미지의 힘

이미지는 어떻게 만들어지고 어떻게 분류하면 알기 쉬운지를 설명한다.

◉ 배색 만드는 방법

포포 포로덕션이 경험한 색의 현장에서 에피소드를 통해 배색을 만들 때의 기본 방침을 설명한다.

◉ 각 색의 이미지와 색채 심리 효과

기본 색상인 빨강, 분홍, 오렌지, 노랑, 초록, 파랑, 보라, 하양, 검정에 대해 단색과 배색 이미지, 옷의 이미지, 배색 이미지, 대표색을 정리했다. 사전처럼 사용하기 바란다.

◉ 일본의 색채 문화 '습'

일본의 문화인 쥬니히토에(十二単, 옷을 많이 껴입는다는 뜻으로 반드시 열두겹의 옷은 아니었다)와 카사네노이로메(襲の色目, 헤이안시대의 귀족 컬러)에 대해 정리했다.

5장에서 배우는 내용

이미지란 도대체 어떤 것이며 어떤 종류가 있을까? 이 장에서는 이미지란 무엇인지, 단색, 배색으로 이미지를 만드는 방법을 설명한다.

① 이미지의 힘

이미지가 만들어지는 원리와 이미지의 종류에 대해 설명 (p.240~241)

② 배색 만드는 방법

양복 위아래의 조합을 예로 들어서 배색을 만드는 기본 방침에 대해 설명(p.242~243)

③ 각 색의 이미지와 색채 심리 효과

기본색의 이미지 목록, 배색 이미지 등(p.246~263), 페이지 보는 법(p.245)

④ 일본의 색채 문화

일본의 전통색에 대해 설명 (p.264~269)

이미지의 힘

이미지 만드는 방법과 종류

◉ 이미지의 형성

뇌의 시각 피질 V4(130페이지)에서 처리된 색은 이미 저장되어 있는 기억과 비교하여 그 색깔이 무엇인지 이해한다. 이때 사람들은 이미지를 갖는다. 예를 들어 빨간색을 볼 때 따뜻할 것 같다는 감각적인 이미지와 불꽃 같다는 시각적인 느낌을 갖는 사람도 있다.

여기에는 개인차가 있는 것을 알 수 있다. 개인이 저장하고 있는 기억이 다르기 때문에 비교 물질에는 차이가 크다고 생각된다. 또한 뇌 안에서 언어적인 것을 우선해서 떠올리는 사람과 시각적인 것을 우선해서 떠올리는 사람이 있기 때문이라고 생각한다.

◉ 이미지 형식

이 책에서는 색을 볼 때 느끼는 언어적 이미지를 언어 이미지, 연상하는 시각적 이미지를 시각적 이미지라고 한다.

이러한 것이 공통으로 연상되는 색(빨강, 파랑, 보라, 녹색 등)을 이미지화가 높은 색이라고 한다. 반대로 이미지하는 것이 제각각이거나 이미지하는 것이 빈약한 색(파랑, 녹색, 연두, 연보라 등)을 이미지화가 낮은 색이라고 한다.

또한 1장(58페이지)에서 설명한 좋아하는 색과 성격의 관계에서 사용하는 그 사람이 마음속에 갖고 있는 성격 경향을 이미지 단어로 나타낸 것을 심리 이미지라고 한다.

색의 이미지화

빨갛다

인지 ➡ 이미지화

·불꽃 같아 ·화려한 색이구나

사람은 색을 볼 때 과거의 기억에 비추어 그것이 무슨 색인지를 인지한다. 그리고 불꽃 같다, 화려한 색이구나와 같이 이미지를 느낀다. 어떤 이미지를 갖느냐는 개인차가 매우 크다.

언어 이미지

· 강도
· 에너지
· 힘(강조)
· 따뜻하다
· 분노
· 열정

머릿속에 솟아난 이미지를 언어화한 것을 이 책에서는 언어 이미지라고 부른다.

시각 이미지

· 불꽃
· 태양
· 립스틱
· 토마토

머릿속에서 떠오른 비주얼을 언어화한 것을 이 책에서는 시각 이미지라고 부른다.

심리 이미지

· 행동적
· 애정
· 정의감

그 색을 좋아하는 사람의 마음속에 있는 성격의 특징적인 경향을 정리한 것을 이 책에서는 심리 이미지라고 부른다.

배색을 만드는 기본 방침

◉ 어울리는 색과 그렇지 않은 색

어느 테마파크에서 직원들의 여름 유니폼을 결정하는 과정에서 문제가 발생했다. 오른쪽 페이지의 위 그림을 보기 바란다(읽었으면 아래를 읽지 말고 이 문장을 계속해서 읽기 바란다).

남성 유니폼이다. 폴로 티셔츠와 바지이다. 먼저 선명한 시안색 바지를 착용하기로 결정됐다. 그런데 상의인 폴로셔츠의 색이 정해지지 않았다. 유니폼을 결정하는 위원회에서는 바지의 색에 어울리는 색을 놓고 하늘과 흰색으로 의견이 팽팽하게 나뉘었다.

디자이너로부터 색 전문가 입장에서 도와달라는 의뢰가 있어 현장에 동석했다. 그랬더니 20명이 넘는 회원이 하늘색과 흰색을 두고 논의를 하고 있었다. 당신이라면 어떤 색의 티셔츠를 맞추겠는가?

◉ 색의 개념

우선 '어떤 색이 어울릴까?' 하는 관점에서 색을 파악하려는 생각이 잘 못됐다. 기본적으로 맞춰서는 안 되는 색은 없다. 하늘색 티셔츠도 흰색 티셔츠도 모두 잘 어울린다.

그러나 색은 어떻게 맞추냐에 따라 전해지는 이미지가 달라진다는 점이 중요하다. 하늘색과 시안색의 배색이 만드는 이미지와 흰색과 시안색이 만드는 이미지 중 어느 쪽 인상을 방문자에게 주고 싶은지를 생각하기 바란다. 그에 대한 배색론을 설명하자 10분 만에 흰색과 시안색의 조합으로 결정이 났다.

이 바지에 어떤 색을 맞출까?

테마파크 직원의 여름 유니폼

'이 바지의 색에 맞는 티셔츠의 색은 어떤 색?'으로 할지를 놓고 의견이 나뉘었다.

여러분은 어떻게 생각하는가?

흰색×파란색(시안)

이미지 예
· 산뜻하다.
· 젊어 보인다.

하늘색×파란색(시안)

이미지 예
· 시원해 보인다.
· 깔끔하다.

어느 한쪽이 맞고 틀리고의 문제가 아니라 어떤 인상을 주고 싶은지에 따라서 배색을 생각한다.

POINT 기존의 색채 교육

기존의 색채 교육에서는 수많은 색채론을 배웁니다. 그러다 보니 색끼리 '어울린다', '어울리지 않는다'와 같은 식으로 파악하는 경향이 있지요. 색깔은 자유로운 것입니다. 결합되면 어떤 이미지가 되는지를 의식하고 배색을 생각하기 바랍니다.

색과 이미지의 페이지 보는 법

시각 이미지

많은 사람들이 색에서 상상하는 비주얼 이미지를 표현했다.

심리 이미지

이 색을 좋아하는 사람의 마음에 있는 성격 경향의 특징을 언어화해서 정리했다.

언어 이미지

색을 볼 때 떠오르는 언어 이미지를 정리했다. 경험과 연관된 것이므로 개인차가 있다.

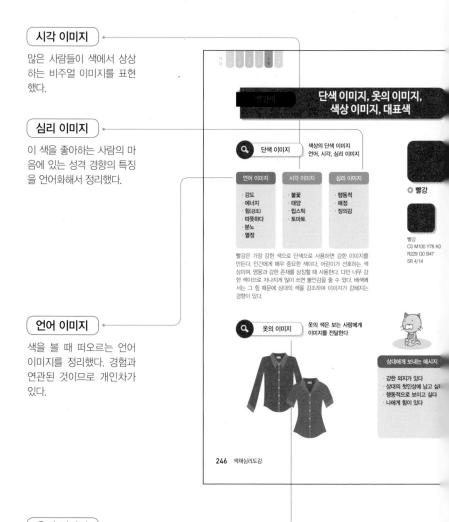

단색 이미지, 옷의 이미지,
색상 이미지, 대표색

🔍 **단색 이미지**

색상의 단색 이미지
언어, 시각, 심리 이미지

언어 이미지	시각 이미지	심리 이미지
· 강도	· 불꽃	· 행동적
· 에너지	· 태양	· 애정
· 힘(강조)	· 립스틱	· 정의감
· 따뜻하다	· 토마토	
· 분노		
· 열정		

빨강은 가장 강한 색으로 단색으로 사용하면 강한 이미지를 만든다. 인간에게 매우 중요한 색이다. 어린이가 선호하는 색상이며, 영웅과 강한 존재를 상징할 때 사용한다. 다만 너무 강한 색이므로 지나치게 많이 쓰면 불안감을 줄 수 있다. 배색에서는 그 힘 때문에 상대의 색을 강조하여 이미지가 강해지는 경향이 있다.

◎ 빨강

빨강
C0 M100 Y78 K0
R229 G0 B47
5R 4/14

🔍 **옷의 이미지**

옷의 색은 보는 사람에게 이미지를 전달한다

상대에게 보내는 메시지

· 강한 의지가 있다
· 상대의 첫인상에 남고 싶다
· 행동적으로 보이고 싶다
· 나에게 힘이 있다

옷의 이미지

그 색의 옷을 본 사람이 갖는 이미지, 감정과 기능을 소개한다.

기본색의 색 견본을 표시한다.

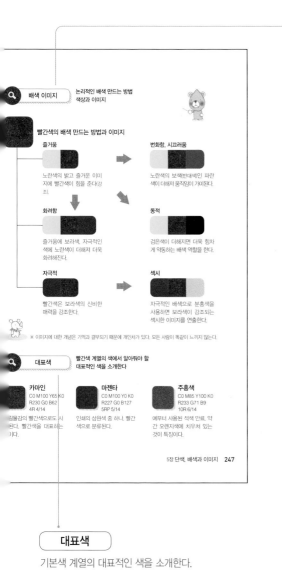

단색의 언어 이미지를 수용해서 배색을 했을 때 어떤 이미지를 갖는지를 단계별로 정리했다. 배색과 이미지의 관계를 암기하고 기억하는 것이 아니라 결합하면 어떤 이미지가 될지를 논리적으로 생각할 수 있도록 한다.

배색 이미지

논리적인 배색 만드는 방법
색상과 이미지

빨간색의 배색 만드는 방법과 이미지

즐거움
노란색의 밝고 즐거운 이미지에 빨간색이 힘을 준다(강조).

변화함, 시끄러움
노란색의 보색(반대색)인 파란색이 더해져 움직임이 가미된다.

화려함
즐거움에 보라색, 자극적인 색에 노란색이 더해져 더욱 화려해진다.

동적
검은색이 더해지면 더욱 힘차게 약동하는 배색 역할을 한다.

자극적
빨간색은 보라색의 신비한 매력을 강조한다.

섹시
자극적인 배색으로 분홍색을 사용하면 보라색이 강조되는 섹시한 이미지를 연출한다.

※ 이미지에 대한 개념은 기억과 결부되기 때문에 개인차가 있다. 모든 사람이 똑같이 느끼지 않는다.

대표색

빨간색 계열의 색에서 알아둬야 할 대표적인 색을 소개한다

카마인
C0 M100 Y65 K0
R230 G0 B62
4R 4/14

립물감의 빨간색으로도 사□된다. 빨간색을 대표하는□이다.

마젠타
C0 M100 Y0 K0
R227 G0 B127
5RP 5/14

인쇄의 삼원색 중 하나. 빨간색으로 분류된다.

주홍색
C0 M85 Y100 K0
R233 G71 B9
10R 6/14

예부터 사용된 적색 안료. 약간 오렌지색에 치우쳐 있는 것이 특징이다.

어떻게 배색하느냐에 따라
이미지가 달라지지

기본색 계열의 대표적인 색을 소개한다.

단색 이미지, 옷의 이미지, 색상 이미지, 대표색

🔍 **단색 이미지**

색상의 단색 이미지
언어, 시각, 심리 이미지

언어 이미지	시각 이미지	심리 이미지
· 강도	· 불꽃	· 행동적
· 에너지	· 태양	· 애정
· 힘(강조)	· 립스틱	· 정의감
· 따뜻하다	· 토마토	
· 분노		
· 열정		

◎ **빨강**

빨강
C0 M100 Y78 K0
R229 G0 B47
5R 4/14

빨강은 가장 강한 색으로 단색으로 사용하면 강한 이미지를 만든다. 인간에게 매우 중요한 색이다. 어린이가 선호하는 색상이며, 영웅과 강한 존재를 상징할 때 사용한다. 다만 너무 강한 색이므로 지나치게 많이 쓰면 불안감을 줄 수 있다. 배색에서는 그 힘 때문에 상대의 색을 강조하여 이미지가 강해지는 경향이 있다.

🔍 **옷의 이미지**

옷의 색은 보는 사람에게 이미지를 전달한다

상대에게 보내는 메시지

· 강한 의지가 있다
· 상대의 첫인상에 남고 싶다
· 행동적으로 보이고 싶다
· 나에게 힘이 있다

배색 이미지 논리적인 배색 만드는 방법
색상과 이미지

 빨간색의 배색 만드는 방법과 이미지

즐거움

노란색의 밝고 즐거운 이미지에 빨간색이 힘을 준다(강조).

번화함, 시끄러움

노란색의 보색(반대색)인 파란색이 더해져 움직임이 가미된다.

화려함

즐거움에 보라색. 자극적인 색에 노란색이 더해져 더욱 화려해진다.

동적

검은색이 더해지면 더욱 힘차게 약동하는 배색 역할을 한다.

자극적

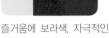

빨간색은 보라색의 신비한 매력을 강조한다.

섹시

자극적인 배색으로 분홍색을 사용하면 보라색이 강조되는 섹시한 이미지를 연출한다.

※ 이미지에 대한 개념은 기억과 결부되기 때문에 개인차가 있다. 모든 사람이 똑같이 느끼지 않는다.

대표색 빨간색 계열의 색에서 알아둬야 할
대표적인 색을 소개한다

 카마인
C0 M100 Y65 K0
R230 G0 B62
4R 4/14

그림물감의 빨간색으로도 사용된다. 빨간색을 대표하는 색이다.

 마젠타
C0 M100 Y0 K0
R227 G0 B127
5RP 5/14

인쇄의 삼원색 중 하나. 빨간색으로 분류된다.

 주홍색
C0 M85 Y100 K0
R233 G71 B9
10R 6/14

예부터 사용된 적색 안료. 약간 오렌지색에 치우쳐 있는 것이 특징이다.

분홍색

단색 이미지, 옷의 이미지, 배색 이미지, 대표색

 단색 이미지

색상의 단색 이미지
언어, 시각, 심리 이미지

◎ **분홍**

분홍
C0 M40 Y25 K0
R244 G176 B169
2.5R 7/7

언어 이미지	시각 이미지	심리 이미지
· 귀엽다	· 벚꽃	〈연분홍〉
· 부드럽다	· 패랭이꽃	· 섬세하다
· 연애 감정	· 봄	· 부드럽다
· 어린이 같다	· 아기	· 연애 욕망
· 로맨틱하다	· 여성스럽다	〈진분홍〉
· 달콤하다	· 화장품	· 감정적
		· 전략 행동
		· 승인 욕구

분홍색은 여성에게 가장 사랑받는 색이자 심리 효과도 많은 색 중 하나이다. 치유받거나 성격이 온화해지는 등 마음을 평온하게 하는 색이다. 일반적으로 우리가 분홍색이라고 생각하는 색과 규격에 정해진 색은 차이가 있을 수 있다. 배색은 부드러운 이미지, 귀여운 이미지를 강조하는 것이 많다.

 옷의 이미지

옷의 색은 보는 사람에게
이미지를 전달한다

상대에게 보내는 메시지

〈연분홍〉
· 귀엽게 봐 줘
· 상냥하게 대해 줘
· 행복한 기분이 돼 줘
〈진분홍〉
· 눈에 띄고 싶다
· (전략적으로) 지켜 달라

배색 이미지 　논리적인 배색 만드는 방법
　　　　　　　　　　　　색상과 이미지

 분홍색의 배색 만드는 방법과 이미지

아이 같다

연한 노란색과 결합하여
아이다움이 돋보인다.

활기, 즐거움

하늘색을 가미하면 활기가 생
긴다. 전체적으로 즐겁고 활기
찬 이미지를 준다.

공상, 환상

파란색과 보라색의 환상
적인 이미지가 강조된다.

따끈따끈

따뜻한 계열의 색으로 맞추면
역동감이 없어져 부드러운 이
미지를 준다.

고급스러움

중간 보라색과 조합하면
여성스러움이 묻어난다.

우아함

보라색의 기품 있는 이미지가
강조되면 우아하게 보인다.

 　※ 이미지의 사고방식은 기억과 결부되기 때문에 개인차가 있다. 모든 사람이 똑같이 느끼지 않는다.

 대표색 　분홍색 계열의 색에서 알아둬야 할
　　　　　　　대표적인 색을 소개한다

 연분홍
C0 M20 Y8 K0
R250 G219 B201
10RP 9/4

홍화를 물들인 밝은 홍색이다.

 산호색
C0 M42 Y28 K0
R243 G175 B162
2.5R 7/8

장식에 많이 사용되는 산호
의 핑크. 비슷한 색이 많이
있다.

 새먼핑크
C0 M40 Y40 K0
R242 G175 B162
7.5R 8/10

연어의 몸 색에서 유래한 핑
크. 오렌지에 가까운 핑크를
띠며 다방면에서 사용된다.

오렌지색

단색 이미지, 옷의 이미지, 배색 이미지, 대표색

 단색 이미지

색상의 단색 이미지
언어, 시각, 심리 이미지

언어 이미지	시각 이미지	심리 이미지
· 캐주얼	· 석양	· 친근하다
· 따뜻함	· 오렌지	· 집단행동
· 활기	· 귤	· 경쟁심
· 명랑함	· 할로윈	
· 향수	· 마리골드	
· 행동적이다	· 당근	

◎ 오렌지

오렌지
C0 M60 Y100 K0
R239 G130 B0
5YR 6.5 / 13

오렌지는 따뜻한 온정이 느껴지는 색이다. 행동적인 색이며 빨간색과 비슷한 심리 효과도 있다. 빨간색과 달리 강도가 조금 억제되어 있어 친근감이 든다. 캐주얼해지고 명랑한 이미지가 강하다. 생동감 있는 배색으로도 좋다.

 옷의 이미지

옷의 색은 보는 사람에게
이미지를 전달한다

상대에게 보내는 메시지

· 부담 없이 즐기고 싶다
· 행동하고 싶다
· 함께 하자

배색 이미지

논리적인 배색 만드는 방법
색상과 이미지

 오렌지색의 배색 만드는 방법과 이미지

적극적, 행동적

오렌지색도 빨간색도 행동적
인 이미지가 있어 합하면 강
한 느낌이 나온다.

캐주얼

녹색의 조화 영향으로 더 캐
주얼한 특징이 나온다.

생기 있다

연두색의 생명력과 합쳐져
생생한 느낌이 난다. 채소의
이미지.

스포티

스포츠를 연상케 하는 색이며,
동(動)과 정(靜)의 낙차로 격렬
함을 느낀다.

활발하다, 격심하다

따뜻한 색 세 가지를 나란히
맞추면 더욱더 강력한 움직임
이 나온다.

신선하다, 참신하다

흰색이 더해지면 더욱 강한 신
선함이 나온다.

 ※ 이미지의 사고방식은 기억과 결부되기 때문에 개인차가 있다. 모든 사람이 똑같이 느끼지 않는다.

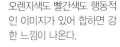

 대표색

오렌지색 계열의 색에서 알아둬야 할
대표적인 색을 소개한다

 귤색(등황색)
C0 M60 Y84 K0
R239 G136 B40
4YR 7/13

오렌지와 같은 감귤류의 색
이지만. 등황색이 더 노란색
기를 띤다.

 감빛(적갈색)
C0 M70 Y75 K0
R236 G109 B60
1YR 6/12

감의 열매 색. 예부터 있는 잘
알려진 오렌지색 계열의 색
이다.

 살구색
C0 M35 Y52 K0
R246 G184 B125
5YR 8/8

제품의 이름에 자주 사용되
는 색으로 분홍에 가깝다.

노란색

단색 이미지, 옷의 이미지, 배색 이미지, 대표색

 단색 이미지

색상의 단색 이미지
언어, 시각, 심리 이미지

언어 이미지	시각 이미지	심리 이미지
· 행복 · 빛 · 위험 · 재미 · 주의, 주목 · 아이 같다	· 빛 · 완구 · 레몬 · 금(황금) · 해바라기 · 바나나	· 호기심 · 독특하다 · 상승 지향

◎ **노랑**

노랑
C0 M15 Y100 K0
R255 G216 B0
5Y 8/14

물감의 삼원색 중 한 색. 스펙트럼 파장 580nm 부근의 색채이다. 노랑은 심리적으로 자신감과 낙천적인 태도를 갖게 하며, 새로운 아이디어를 얻도록 도움을 주는 색채. 진한 노랑의 금속 광택이 도는 황금색은 황금. 돈 등을 상징하여 부와 권위, 풍요로움을 나타내기도 한다. 노랑은 조심, 주의 또는 방사능 표지에 사용하고 노랑과 검정의 배색은 명시성과 가독성이 가장 높아 어린이 시설 주변, 어린이용품, 통학 차량에 적용된다.
(네이버 지식백과)

 옷의 이미지

옷의 색은 보는 사람에게
이미지를 전달한다

상대에게 보내는 메시지

· 새로운 것을 하고 싶다
· 즐겁게 하자
· 자극을 얻고 싶다(짙은 색)
· 커뮤니케이션을 하고 싶다
　(연한 색)

논리적인 배색 만드는 방법
색상과 이미지

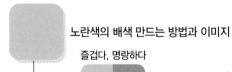 **노란색의 배색 만드는 방법과 이미지**

즐겁다, 명랑하다

노란색의 즐거움과 오렌지색의 활기가 더해지기 때문에 움직임이 강하게 나온다.

캐주얼(즐거움)

녹색이 더해지면 더 캐주얼한 분위기가 강하게 나온다. 녹색의 조화로움에 영향받는다.

아이 같다

노란색의 아이스러움이 분홍색에 의해 더 드러난다.

아이 같다(더 어리다)

톤을 낮추어 옅은 색으로 하면 더 어린아이 느낌을 표현한다(249페이지 참조).

주의, 주목

검은색은 상대의 색을 강조한다. 노란색의 주의가 강하게 강조된다.

강렬하다, 강하다

빨간색이 가미되면 강렬한 인상을 표현한다.

※이미지의 사고방식은 기억과 결부되기 때문에 개인차가 있다. 모든 사람이 똑같이 느끼지 않는다.

대표색

노란색 계열의 색에서 알아둬야 할
대표적인 색을 소개한다

 황금색
C0 M35 Y100 K0
R247 G180 B0
10YR 7/12

차분한 노란색

 레몬옐로
C0 M0 Y80 K0
R255 G242 B63
8Y 8/12

약간 채도를 낮춘 노란색. 실제로는 녹색에 더 가깝다.

 겨자색
C0 M14 Y70 K25
R209 G182 B77
3Y 7/6

반죽한 겨자에서 이름을 딴 색. 비슷한 색에 머스터드가 있다.

녹색

단색 이미지, 옷의 이미지, 배색 이미지, 대표색

 단색 이미지

색상의 단색 이미지
언어, 시각, 심리 이미지

언어 이미지	시각 이미지	심리 이미지
· 조화	· 자연	· 조화
· 안전	· 산	· 치유
· 자연	· 나무	· 개인주의
· 치유	· 숲	
· 생명력	· 채소	
· 미숙	· 에메랄드	

◎ **녹색**

녹색
C70 M0 Y70 K0
R61 G178 B112
2.5G 6.5/10

녹색은 많은 사람들이 좋아하는 색 중 하나로, 조화와 치유의 색으로 알려져 있다. 보고 있는 것만으로도 몸이나 눈의 상태를 조정하는 등 몸과 마음에 좋은 심리적 효과가 있다. 녹색의 배색은 결합 색상에 따라 다양한 표정을 드러낸다. 중성색이기 때문에 따뜻한 색과 시원한 색의 영향을 받기 때문이라고 생각된다.

 옷의 이미지

옷의 색은 보는 사람에게
이미지를 전달한다

상대에게 보내는 메시지

· 사이좋게 지내고 싶다
· 평화롭고 싶다
· 휴식하고 싶다
· 남과 다르게 보이고 싶다

녹색의 배색 만드는 방법과 이미지

신선하다, 상쾌하다

흰색과 녹색의 조합은 채소
의 신선함을 연상시킨다.

프레시하다

연두색이 가미되면 더 젊은 미
숙한 이미지가 강조된다.

명랑하다, 스포츠

녹색의 생명력에 노란색의
활기가 더해진다.

명랑하다, 카니발

빨간색의 힘을 더함으로써 카
니발 같은 즐거움이 표현된다.

쿨하다, 차갑다

중성색인 녹색은 회색의 영
향으로 멋져 보인다.

쿨하다, 도회적이다

파란색이 더해져 도회적인 차
가움이 드러난다.

※이미지의 사고방식은 기억과 결부되기 때문에 개인차가 있다. 모든 사람이 똑같이 느끼지 않는다.

대표색   녹색 계열의 색에서 알아둬야 할
대표적인 색을 소개한다

에메랄드그린
C98 M0 Y74 K0
R0 G159 B108
7.5G 6/8

녹색 보석으로 유명한 녹색.
녹색 중에서도 좋아하는 사
람이 많다.

짙은 녹색
C95 M0 Y85 K60
R0 G87 B45
5G 3/8

옛날부터 사랑받고 있는 짙
은 녹색

밝은 녹색
C71 M32 Y100 K0
R87 G139 B53
5GY 5/8

여름 잔디와 나뭇잎의 녹색.

파란색

단색 이미지, 옷의 이미지, 배색 이미지, 대표색

 단색 이미지　색상의 단색 이미지
언어, 시각, 심리 이미지

언어 이미지	시각 이미지	심리 이미지
· 차갑다	· **스포츠**	〈시안〉
· 집중력	· 바다	· 협조성
· 성실	· 하늘	· 애정
· 냉정	· 물	· 창조적
· 기품	· 청금석	〈울트라마린〉
· 지적		· 협조성
		· 보수적
		· 불안정

◎ **파랑**

파랑
C100 M10 Y0 K15
R0 G138 B204
10B 4/14

파란색은 세계적으로 선호하는 색이다. 우리나라에서도 많은 사람들에게 사랑받는 색이다. 다양한 곳에 사용되는 색이므로 많은 이미지가 있다. 시안과 같은 밝은 파란색이나 울트라마린과 같은 짙은 파란색이냐에 따라 전달하는 이미지도 보내는 메시지도 달라진다. 파란색을 배색으로 사용해 다양한 이미지를 연출할 수 있다.

 옷의 이미지　옷의 색은 보는 사람에게
이미지를 전달한다

상대에게 보내는 메시지

〈시안〉
· 문제를 해결하고 싶다
· 창작 활동을 하고 싶다
〈울트라마린〉
· 협조하고 싶다
· 눈에 띄는 것을 원하지 않는다
· 침착하게 가자

배색 이미지 논리적인 배색 만드는 방법
색상과 이미지

 파란색의 배색 만드는 방법과 이미지

스마트하다, 젊다

파란색은 흰색의 젊음을 연출하고 스마트하고 발랄한 이미지를 준다.

샤프하다, 예민하다

청록색이 더해지면 파란색의 냉정하고 집중하는 이미지가 강화된다.

활기차다

역동감이 있는 빨간색의 영향을 받아 활동적인 인상을 준다.

스포티

스포츠를 연상케 하는 색이며, 동(動)과 정(靜)의 낙차에서 격렬함을 느낀다.

신비함

보라색의 신비로운 이미지를 연출하여 신비한 분위기가 된다.

불가사의, 신비함

보라색의 색조가 가미되면 신비로운 요소가 높아진다.

※ 이미지의 사고방식은 기억과 결부되기 때문에 개인차가 있다. 모든 사람이 똑같이 느끼지 않는다.

 대표색 파란색 계열의 색에서 알아둬야 할
대표적인 색을 소개한다

 코발트블루
C100 M50 Y0 K0
R0 G104 B182
1PB 4/14

19세기 회화에서 한 시대를 풍미한 파란색. 물감으로도 유명하다.

 로열블루(감청색)
C92 M70 Y0 K0
R11 G79 B161
5PB 4/11

영국 왕실에서 사용하는 파란색. 기품을 나타내는 색이기도 하다.

 청록색
C90 M0 Y31 K0
R0 G166 B184
8BG 5/8

밝은 녹색을 띤 연두색에 가까운 선명한 청록색이다.

보라색

단색 이미지, 옷의 이미지, 배색 이미지, 대표색

◎ 보라

보라
C52 M80 Y0 K10
R140 G72 B151
7.5P 5/12

🔍 **단색 이미지** 색상의 단색 이미지
언어, 시각, 심리 이미지

언어 이미지	시각 이미지	심리 이미지
· 불안정 · 고급스러움 · 고귀함 · 신비함 · 예술 · 요염 · 이국 정서	· 붓꽃 · 수국 · 자수정	· 감각적 · 양면성 · 창조적

보라색은 동(動)의 빨간색과 정(靜)의 파란색을 섞어 만드는 색상인 만큼, 양면성의 이미지가 있는 것이 특징이다. 좋고 싫음에 큰 차이가 있으며, 이미지도 양극화되어 있다. 당연히 배색이미지도 고귀하고 우아하다. 자극적이고 와일드한 분위기도낼 수 있는 색. 에스닉한 것도 동양적인 것도 결합색에 따라서 다른 이미지를 풍긴다.

🔍 **옷의 이미지** 옷의 색은 보는 사람에게
이미지를 전달한다

상대에게 보내는 메시지

〈진보라색〉
· 나는 독특하다
· 고민을 알아줘

〈연보라색〉
· 나는 섬세하다
· 응원해 줘

배색 이미지

논리적인 배색 만드는 방법
색상과 이미지

보라색의 배색 만드는 방법과 이미지

여성적

연분홍의 여성스러움과 합쳐져 여성적인 이미지를 풍긴다.

자극적

빨간색의 영향으로 보라색의 신비한 매력이 나온다.

에스닉(민족적)

차분한 노란색과 결합하면 에스닉한 분위기가 풍긴다.

품위 있다, 기품 넘친다

회색을 가미하면 부드러운 기품이 난다.

섹시

여성적인 이미지에 빨간색이 더해지면 섹시하게. 자극적인 조합에 분홍색이 들어가도 섹시한 느낌이 난다.

에스닉(신비함)

차분한 녹색을 추가하면 한층 더 민족성이 드러난다. 신비로운 분위기도 나온다.

※ 이미지의 사고방식은 기억과 결부되기 때문에 개인차가 있다. 모든 사람이 똑같이 느끼지 않는다.

대표색

파란색 계열의 색에서 알아둬야 할
대표적인 색을 소개한다

연보라색(mauve)
C50 M70 Y0 K0
R144 G92 B162
5P 6/10

인류가 처음 만들어낸 합성 염료의 색에서 유래하는 색

진보라색(제비꽃색)
C65 M72 Y0 K0
R112 G84 B160
2.5P 5/10

옛날부터 사용되는 보라색의 대명사. 제비꽃색

용담색(용담꽃색)
C50 M50 Y10 K0
R142 G129 B176
10PB 6/6

가을을 대표하는 파란색에 푸른 기를 띠는 용담꽃색

흰색

단색 이미지, 옷의 이미지, 배색 이미지, 대표색

 단색 이미지

색상의 단색 이미지
언어, 시각, 심리 이미지

언어 이미지

· 젊음
· 청결
· 차갑다
· 순수
· 신선
· 밝다
· 경사스럽다

시각 이미지

· 결혼식
· 눈
· 구름
· 설날

심리 이미지

· 노력가
· 미의식
· 연기파

◎ 하양

하양
C0 M 0 Y1 K0
R255 G255 B253
N 9.5

흰색은 극단적인 색으로, 강하고 차가운 인상을 주는 경우와 다른 색상과 어울려 친숙한 인상을 주기도 한다. 특히 파스텔 톤 색상과 궁합이 잘 맞아, 어떤 색과 조합해도 잘 어울린다. 다른 색을 돋보이게 하는 요소가 있어 배색을 할 때도 어떤 색을 조합하느냐에 따라 이미지가 크게 변화한다.

 옷의 이미지

옷의 색은 보는 사람에게
이미지를 전달한다

상대에게 보내는 메시지

· 아름답게 봐 줘
· 젊게 봐 줘
· 청결해
· 남과 거리를 두고 싶다
· 전하고 싶은 것은 없다

배색 이미지

논리적인 배색 만드는 방법
색상과 이미지

흰색의 배색 만드는 방법과 이미지

귀엽다, 부드럽다

분홍색의 부드러움과 흰색
은 잘 어울린다.

로맨틱

옅은 연두색이 더해지면 환상
적이고 더욱 더 섬세한 느낌을
준다.

샤프하다, 포멀하다

검은색과 강한 대비가 선명
한 인상을 준다.

상냥하다, 아이 같다

코랄 핑크를 가미하면 밝은
이미지로 정돈되고, 흰색이 그
것을 강조한다.

스마트하다, 젊다

파란색은 흰색의 젊음을 연
출해서 스마트하고 발랄한
인상을 준다.

젊다, 어리다

하늘색으로 하면 샤프한 인상
이 줄어들어 부드럽고 어린 이
미지가 된다.

※이미지의 사고방식은 기억과 결부되기 때문에 개인차가 있다. 모든 사람이 똑같이 느끼지 않는다.

 대표색

흰색 계열의 색에서 알아둬야 할
대표적인 색을 소개한다

스노화이트
C3 M0 Y0 K0
R249 G252 B255
N9.5

눈을 나타내는 흰색. 희미하
게 푸른 기가 돈다.

연백
C3 M0 Y3 K0
R249 G252 B250
N9

납을 데워 만드는 오래전부
터 사용되는 인공 백색 안료

펄화이트
C0 M0 Y10 K18
R223 G222 B209
7.5Y 8/1

진주에서 유래한 흰색. 진주
에서 이름 붙은 색에는 다양
한 색상이 있다.

검은색

단색 이미지, 옷의 이미지, 배색 이미지, 대표색

 단색 이미지

색상의 단색 이미지
언어, 시각, 심리 이미지

언어 이미지	시각 이미지	심리 이미지
· 어둡다	· 포멀하다	· 방어심
· 위엄	· 먹	· 불안감
· 강도	· 밤	· 위압력
· 고급스럽다	· 철	
· 불안	· 장례식	
· 불길	· 모던 디자인	

◎ 검정

검정
C30 M30 Y0 K100
R2 G1 B12
N1.5

검은색은 불길하고 불안하다는 부정적인 이미지와 더불어 고급스러움과 모던함과 같은 좋은 이미지가 있는 색. 매우 강한 색이며, 인접한 색의 이미지를 강조하는 효과도 있다. 맞춤 색에 따라 분위기도 확 바뀐다.

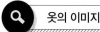 **옷의 이미지**

옷의 색은 보는 사람에게
이미지를 전달한다

상대에게 보내는 메시지

· 조용하게 보내고 싶다
· 원하는 것을 하고 싶다
· 날씬하게 보이고 싶다

배색 이미지

논리적인 배색 만드는 방법
색상과 이미지

 검은색의 배색 만드는 방법과 이미지

대담하다, 격렬하다

검은색은 상대 색의 이미지
를 강화한다. 빨간색의 강도
와 격렬함이 더해진다.

중후함, 전통적인

빨간색 톤을 낮추면 중후하고
전통적인 이미지가 된다.

이지적

지적 인상을 주는 진한 파란
색을 강조한다.

고급스러움

금을 대용하는 짙은 노란색을
가미하면 고급스러운 분위기
가 강조된다.

성적 매력, 귀여움

적자색의 여성적인 분위기를
강조한다.

요염, 섹시

보라색을 더하면 요염한 이미
지가 돋보인다.

 ※ 이미지의 사고방식은 기억과 결부되기 때문에 개인차가 있다. 모든 사람이 똑같이 느끼지 않는다.

대표색

검은색 계열의 색에서 알아둬야 할
대표적인 색을 소개한다

 램프 블랙
C0 M10 Y10 K100
R36 G23 B13
N1

램프의 그을음(매연)을 원료
로 한 검정 안료

 참나무색
C78 M71 Y63 K28
R64 G67 B73
5PB 3/1

도토리를 끓여내 철 매염제
로 염색한 색

 슬레이트 그레이
C5 M5 Y0 K75
R97 G95 B98
2.5PB 4/1

회색 중에서도 어두워 검은
색에 가까운 색

쥬니히토에(十二單)의 배색 # 일본의 전통 배색

◉ 일본의 전통 배색

일본에는 색상 조합과 명칭이 정해진 정형화한 배색이 많이 있다. 유명한 배색에 카사네노이로메(238페이지 참조)라는 것이 있다.

이것은 헤이안시대 궁중 사람들이 자연의 채색을 겹쳐서 만들어낸 색이다. 조합은 자유롭게 선택할 수 있는 게 아니라 규칙으로 엄격하게 정해져 있었다고 한다. 헤이안시대 말기에는 5장이 원칙이고 특별한 경우에 12가지 색을 겹쳤다. 이것이 잘 알려진 쥬니히토에*(十二單)이다. 이 시대의 귀족들은 사치스러워 옷을 겹쳐 입는 것도 높은 신분을 상징하는 하나의 수단으로 여겼을 것으로 생각된다.

또한 교토라는 지역 특성상 겨울이 추운 것도 이유 중 하나라고 생각한다. 이 옷은 겹쳐 입는 순서가 있는데, 그것이 카사네노이로메(일본의 전통배색)이다.

◉ 현대의 쥬니히토에

오늘날에는 즉위 예의 정전 의식에서 마사코 황후와 여성 황족이 쥬니히토에를 입었다. 황족의 쥬니히토에는 보라색을 사용하는 경우가 많다. 마사코 황후의 쥬니히토에의 특징은 연두색이다. 그것도 가장 신성한 색이라고 하는 흰색을 대비해서 아래에 겹쳐 입었다.

연두색은 초봄에 싹이 트는 새싹의 색이다. 노란색에서 연두색으로, 이것은 새롭게 태어나는 생명의 색이다. 새로운 행보를 내딛는 결의가 느껴지는 색이다.

---

*쥬니히토에(十二單) : 헤이안시대인 10세기부터 시작된 여성의 전통 예복이다. 쥬니히토에는 원단이 12겹이라는 의미로 최소 8겹에서 최대 20겹까지 겹쳐 입는다.

카사네노 이로메

색상을 조합해서 즐기다

황매화나무를
표현

홍매화의 향을
표현

철쭉, 진달래를
표현

탱자나무를
표현

자색으로 물들인
얇은 종이를 표현

국화가 눈과 서리를 맞아
꽃 주위부터 차츰 보라색으로
변해가는 모습을 표현

바깥쪽의 연두는 솔잎을,
쪽의 보라는 나무 그늘을 표현

붉은 단풍을
표현

※문헌에 따라 색의 조합과 색조가 다르다.

황후의 쥬니히토에 이미지

상의

오의(五衣)

오의는 아래에 겹치는 옷. 황후의 쥬니히
토에의 특징적인 것은 상의의 연두색이다.

연두색
C40 M0 Y83 K0
R174 G208 B70
4GY 7/9

봄과 여름

계절별 별색 ❶

헤이안시대의 궁중 여성들이 웃옷을 겹쳐 입을 때 겉과 속을 맞추는 것
에 따라서도 배색을 즐겼다.

색은 연중 내내 사용할 수도 있지만, 계절에 맞게 배색을 한 것이 특징
이다.

자연의 풍경을 잘라낸 것 같은 색의 조합으로 계절감 넘치는 운치 있는
나날을 보냈을 것으로 생각된다.

카사네노이로메가 여러 색을 겹친 반면 이것은 배색으로 표기하는 경우
가 있다. 이 페이지에서는 봄과 여름, 268페이지에서는 가을과 겨울, 그
리고 계절을 가리지 않는 배색을 소개한다.

※ 문헌에 따라 색의 조합과 색조가 다를 수 있다.
　①과 ②는 문헌에 따른 색상 차이.

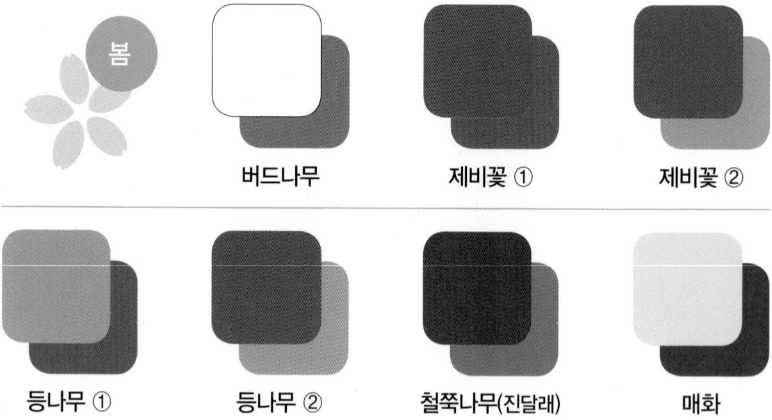

봄

버드나무　　제비꽃 ①　　제비꽃 ②

등나무 ①　　등나무 ②　　철쭉나무(진달래)　　매화

앞면의 색과 뒷면의 색 조합

매화나무

벚꽃

황매화나무 ①

황매화나무 ②

새싹색

여름

접시꽃

병꽃나무꽃

창포꽃

단향목

패랭이꽃

제비붓꽃

도라지

매미의 날개 ①

매미의 날개 ②

백합

모종색

어린 묘목색

계절별 별색 ❷ 가을과 겨울

가을과 겨울 '받침의 색조', 그리고 계절을 가리지 않는 배색을 소개한다. 문헌에 따라 색이 다를 수 있다.

가을

황국

만국(晚菊)　　푸른 단풍　　노란색 단풍　　단풍

떨어진 밤색　　국화　　만추 ①　　만추 ②

여랑화 ①　　여랑화 ②　　용담　　꽃이 핀 억새

앞면의 색과 뒷면의 색 조합

개미취

첫단풍

겨울

얼음

소나무에 내린 눈

바위취

애벌레색

참죽나무

담황색

배색

불꽃색

검은 다갈색

목적초

해송색 ①

빨간색

해송색 ②

※ ①, ②는 문헌에 의한 차이
같은 색상이라도 계절이 변화하면 명칭이 변경될 수 있다.

색채 감각을 높인다 ⑤

색채 표현력

색상을 풍부하게 표현할 수 있는 능력을 색채 표현력이라고 한다.

5장에서는 배색으로 이미지를 만드는 연습을 했는데, 반대로 이미지 언어에서 논리적으로 색상을 조합하는 연습도 해보자.

연습 삼아 멋진 배색, 맛깔스러운 배색을 생각해보자. 만드는 방법은 단색의 이미지를 생각해서 조합하는 방법과 배색에서 기존의 것을 이미지하는 두 가지 방법이 있다.

색과 이미지 외에도 색채 조화론과 코디네이트론을 배워두면 더욱 유용하게 응용할 수 있다.

6장 296페이지에서는 앞으로의 색채 표현에 필요한 세 가지 포인트(전달성, 기능성, 만인성)에 대해서도 소개했으니 함께 확인해보자.

색채 감각을 높이는 미니 테스트

Q1. 명랑한 이미지의 색은?

A   B   C   D

Q2. 가장 즐거운 이미지의 색은?

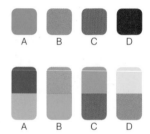

A   B   C   D

색의 가능성

색은 다양한 가능성을 내포하고 있습니다.
우선 색이 어떻게 활용 및 응용되고 있는지,
녹색 요정과 함께
색에는 어떤 가능성이 있는지를 살펴봅시다.

색채 심리의 응용과 가능성
색채 심리는 어떻게 응용되는가

◉ 색채 심리가 적용되는 현장

지금까지 색채 심리를 중심으로 다양한 색의 효과와 특성을 소개했다. 6장에서는 결론으로 색채 심리는 어떤 장소에서 어떻게 사용되고 있는지를 설명하려고 한다. 색채 심리는 실로 다양한 장소에서 활용되고 있다.

모두 소개할 수는 없기 때문에 일상생활에서 대표적인 중요한 장소로 병원, 평소 볼 기회가 많은 기업(제조사)의 제품 개발·판매 전략, 엔터테인먼트 세계부터 영화 그리고 색채를 조언하는 퍼스널 컬러의 세계를 소개한다. 평소 우리가 의식하지 않는 곳에서 색이 어떻게 사용되고 있는지를 살펴보자.

◉ 색의 가능성

6장 후반에서는 색의 가능성과 미래의 모습을 좇아보려고 한다. 일부 사람이 갖고 있는 본질적인 감각인 '공감각' 이야기, 여성의 일부에 나타난다는 '4색형 색각' 이야기, 변화하는 '색 이름' 이야기를 정리한다.

또한 색을 통해 사람의 내면을 살펴보자. 성격을 바꾸거나 대인관계에서 변화를 원할 때 색의 힘을 활용하는 방법도 소개한다.

자신뿐만 아니라 다른 사람에게도 조언을 해보자. 색채 심리를 활용하여 나다운 길을 걸어가자.

6장에서 배우는 내용

색채 심리

이 장에서 소개할 내용이야

① 응용되고 있는 현장

② 색의 가능성

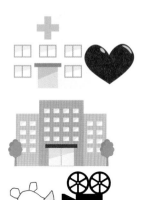

·병원
·기업
·영화
·퍼스널 컬러
(p.274~283)

·문자에서 색이 보이는 감각
·제4의 색각을 가진 여성
·변화하는 색 이름
·색을 통해 사람의 내면을 살핀다
(p.284~301)

병원과 색채 ❶ 병원의 실내 장식과 수술 가운

◉ 긴장감을 완화하는 색상

색이 적용되는 현장이라고 하면 가장 먼저 떠오르는 것이 병원이다. 지금까지는 병원의 벽이라고 하면 흰색이 중심이었다. 그 이유는 청결감이 필요했기 때문이다. 그런데 흰색은 차가운 색이다 보니 환자의 긴장감을 높이거나 자연 치유 능력을 저하시킨다는 사실이 밝혀졌다. 외래 환자든 입원 환자든 병원을 찾는 사람은 장시간 차가운 벽을 보고 있어야 한다.

그래서 최근 새롭게 짓는 병원의 벽은 베이지색이 주류를 이루고 있다. 베이지색은 긴장감을 완화하는 작용을 한다. 병원에 따라서는 부드러운 베이지색 외에 연두색과 녹색을 안내 표지판에 사용하는 등 불안감을 해소할 방법을 찾고 있다.

또한 소아병원에서 사용하는 수건은 분홍색이 많은데, 역시 색으로 어린 환자나 엄마가 안심할 수 있도록 하기 위한 방안이다.

◉ 수술 가운이 파란 이유

의사는 진찰을 할 때 흰옷을 입지만 수술을 할 때는 파란색 수술 가운을 입는다. 의사는 수술을 하면서 붉은색 혈액을 장시간 보고 있어야 하는데, 심리 보색이 작용하여 눈앞에 검푸른 덩어리가 보인다고 한다. 그런 이유에서 파란색 계열의 색은 심리 보색을 줄이는 효과가 있다.

또한 파란색은 집중력을 강화하고 진정 효과를 주는 색이기도 하다. 파란색 가운에는 수술 중에 느끼는 의사의 심리적 부담을 덜어주는 효과가 있다.

병원에서 사용하는 색채

긴장감을 주지 않도록 병원의 벽은 흰색에서 베이지나 아이보리 계열의 색으로 바뀌었다.

수술용 가운

빨간색 부분을 본 후 흰색을 보면 심리 보색이 나타나는데 파란색. 청록색의 수술 가운이라면 보색이 완화된다.

소아병원

소아병원에 분홍색 수건이나 침구를 두면 아기와 엄마의 진정 효과를 유발한다.

POINT 백의(白衣) 고혈압증

일상생활에서 혈압이 정상이다가도 병원이나 진료실에 들어가면 혈압이 높아지는 현상을 가리킵니다. 흰색은 원래 혈압 상승 색이 아니지만, 흰옷(白衣)을 입은 사람이 앞에 서면 두려움과 긴장감에 일시적으로 혈압이 오르는 일도 있답니다.

기구, 유니폼, 약의 식별성

◉ 기구와 유니폼의 식별성

색상의 식별성은 병원에서도 활용되고 있다. 병원의 수술실과 병실에는 의료용 가스가 배치되어 있다. 이 가스를 잘못 사용하면 큰일 날 수 있다. 그래서 문자 표기뿐만 아니라 색도 쉽게 식별할 수 있게끔 되어 있다.

의료용 가스 용기의 경우 산소는 흰색, 액화탄산가스는 회색, 헬륨은 갈색, 질소는 검은색, 아산화질소는 파란색으로 정해져 있다.

심전도의 전극도 색으로 구분되어 있고 규칙이 있다. 양손과 양다리에 붙이는 경우는 오른쪽 손목이 흰색, 왼쪽 손목이 검은색, 오른쪽 발목이 녹색, 왼쪽 발목은 빨간색으로 정해져 있다. 담당 기사는 색으로 구분되어 있는 덕분에 짧은 시간에 정확히 전극을 붙일 수 있는 것이다.

◉ 약의 식별성

색은 약을 구별하는 데도 활용되고 있다. 전혀 다른 효능을 가진 약제를 이름만으로 구분하는 게 아니라 색으로도 판별할 수 있도록 되어 있다.

혈압을 낮추거나 높이는 약은 신속하게 사용하지 않으면 생명에 지장을 초래할 수 있다. 그 자리에서 혈압을 높여야 할지 낮춰야 할지 순간적인 판단이 요구된다.

그래서 색으로도 판별할 수 있게끔 비슷한 색을 사용하지 않게 되어 있다고 한다. 제약회사에서도 이 점을 고려해서 만들고 사용하는 병원도 이 점을 인식하고 사용하고 있다.

순간의 판단을 돕는 색상

의료용 가스의 식별성

문자뿐만 아니라 색으로도 식별할 수 있지

약의 식별성

이쪽

약의 라벨도 색으로 바로 알 수 있다.

색으로 식별할 수 있다.

P O I N T — **녹색으로 모유량이 안정된다?**

약 250명의 산모를 대상으로 흰색, 빨간색, 녹색의 환경에서 모유의 변화를 검증한 결과, 녹색 환경에서는 모유량이 안정적으로 나왔다는 이야기도 있습니다. 녹색의 진정 효과와 긴장 완화 작용이 산후 산모의 스트레스를 낮춰주는 효과가 있다고 합니다.

제품 개발 현장의 색채 심리

◉ 제품 개발에 응용

색채 심리는 제품 개발에도 활용되고 있다. 제조사는 제품 디자인을 무슨 색으로 해야 소비자들이 구매할지를 두고 밤낮으로 연구하고 있다. 소비자의 제품 결정 원리를 연구하면서 80% 이상의 소비자가 제품을 구입할 때 색을 중요하게 여긴다는 사실을 알게 됐다.

물론 업종에 따라 온도 차이가 있어 모든 기업에 해당하는 것은 아니다. 컬러 마케팅 선진국인 미국에서는 1950년대에 이미 캔 음료 세븐업의 패키지 디자인에 노란색 사용 비율을 15% 늘렸다. 그랬더니 소비자로부터 레몬 맛이 더해져 더 맛있다는 호평을 얻었다.

또한 세제 제조업체도 색 전략을 적극적으로 활용하는 산업 중 하나이다. 프록터 앤드 갬블(P&G)은 백색 분말 세제에 색이 들어간 입자를 혼합하는 것을 생각해냈다. 파란색 입자를 섞은 제품을 출시하자 소비자들로부터 얼룩이 잘 떨어진다는 평가를 얻었다.

◉ 색의 금기(禁忌)가 사라지고 있다

일본에서는 한때 노란색 상품은 잘 팔리지 않는다고 인식하던 시기가 있었다. 그것은 열화하거나 색이 바랜 것이 노란색으로 보이기 때문에, 제품이 저렴하고 나빠 보인다는 이유에서이다.

그러나 최근에는 이러한 금기가 사라지고 노란색 제품도 증가하고 있다. 다채로운 색 감각을 익힌 사람이 늘어가면서, 색 금기도 없어지고 있다고 할 수 있다.

기업에서 사용하는 색채 심리

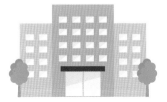

기업 활동에서 색채 심리를 적용한
분야는 많이 있다.

컬러 전략

· 마케팅

· 상품 개발

· 디자인

분말 세제의 입자

백색 분말 세제에 파란색 알갱
이를 넣었더니 얼룩이 잘 제거
된다는 인상을 주게 됐다.

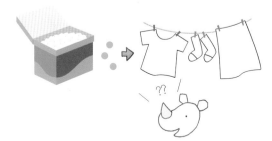

P O I N T 다른 업계에서 순환하는 색

자동차 디자이너는 색의 팁을 얻기 위해 다른 업종의 제품 카탈로그
를 참고하는 일이 있습니다. 초콜릿 카탈로그를 보고 초콜릿 색 자
동차가 등장했는가 하면, 자동차 카탈로그를 보고 다른 업종의 디
자이너 또한 아이디어를 얻는 거지요.

영화 속 색채 심리

◉ 영화의 색채 심리 연출

영화의 대부분은 색채를 교묘하게 사용하여 다양한 심리 효과를 연출한다. 화면 전체를 특정 색으로 표현해서 인상에 남기거나, 특정 장면이나 감정을 표현할 때 색을 사용하는 방법도 있다.

예를 들어 가상세계와 현실세계가 교차하는 영화 〈매트릭스(1999년, 미국)〉의 내용은 쉽게 이해가 안 될지 모르지만, 영상의 색조에 주목하면 녹색의 색조는 가상세계를 표현하고 있다고 볼 수 있다. 영화 〈Mr. 인크레더블(2004년, 미국)〉에서는 주인공의 유니폼이 '파랑, 검정'에서 '빨강, 검정'으로 바뀜으로써 힘차고 강력해 보이는 인상을 준다.

영화 제작 현장에는 색채 설계 전문가가 있어, 색의 효과를 계산해서 사용하는 일은 보편화되어 있다. 해외에서는 영화나 광고의 색채 컨설팅을 전문으로 하는 기업도 있다.

◉ 색으로 관객의 감정을 조절

할리우드에서는 영화 연출에 맞춰 관객의 감정을 컨트롤하는 컬러 그레이딩*이라는 기술을 응용하고 있다.

멜로 영화는 빨간색 계열의 색상을 의식적으로 사용하고, 공포 영화는 파란색으로 공포감을 극대화한다. 등장인물이 무언가를 바라보고 있는 장면에서는 노란색을 강하게 하면 추억의 한 장면과 같이 느껴지고, 전체적으로 색조를 어둡게 하면 앞으로 사건이 일어날 분위기를 조성할 수 있다. 배우의 연기는 그대로지만 색의 변화로 인상을 만들어낼 수 있는 것이다.

----

*컬러 그레이딩(color grading) : 동영상, 비디오 이미지, 스틸 이미지의 색을 전자적으로, 사진화학적으로, 디지털적으로 변경하거나 강화하는 과정이다.

색에 주목하면 더 재미있는 영화

컬러 그레이딩

빨간색 계열을 사용한 장면에서는 연애. 만남이 있을 것 예감이 든다.
파란색 계열은 공포와 미스터리한 분위기를 조성할 때 사용한다.

오렌지색과 파란색의 효과

배경을 파란색. 등장인물을
오렌지색의 색조로 하면 인
물이 두드러진다.

POINT 할리우드의 오렌지색과 파란색

할리우드에서는 오렌지색과 파란색의 조정을 중요하게 여기는 것으로
알려져 있습니다. 등장인물의 피부를 주황색으로 보정하고 배경을 파란
색 계열의 색으로 조정하면 보색 효과에 의해 등장인물이 두드러진답니
다. 영화를 볼 때 색에 주목하면 영화가 더 재미있게 느껴질 거예요.

개개인에게 어울리는 색의 제안

◉ 사람과 색의 조화를 도모하는 일

색채 검정 및 색 공부를 한 사람은 그 지식을 살려서 퍼스널 컬러를 진단하는 컬러리스트에 종사하는 사람들이 많다.

그 사람에게 어울리는 색을 제안하거나 이미지를 돋보이게 하는 방법을 제안을 할 수 있으며, 다양한 자격도 있다. 옐로 베이스(봄, 가을)인 사람, 블루 베이스(여름, 겨울)인 사람과 같이 춘하추동 4유형으로 진단한다. 이 진단법은 요하네스 이텐Johannes Itten(1888~1967)의 배색론에 그 기원을 두고 있다.

구체적인 업무로는 패션, 메이크업 등의 분야에서 판매 업무에 활용하거나, 상품 개발에 종사하는 사람도 있다.

색을 공부한 사람들 중에 퍼스널 컬러 진단이 가능한 컬러리스트가 되려는 사람이 많아 시장은 다소 포화 상태인 데다 퍼스널 컬러 진단을 받은 고객은 단골이 되기 어려운 경향도 있다.

◉ 향후의 과제와 미래

따라서 미국에서 주류를 이루고 있는 이미지 컨설팅의 형태로 발전시킬 필요가 있을 것이다.

구체적으로는 좋은 인상을 줄 방법을 다각도로 제시할 수 있어야 한다.

색의 전문성뿐만 아니라 지금 시대에는 심리학 지식도 요구되고 있다. 말투, 표정 짓는 방법에서부터 자세, 내면적인 성격의 조언까지 퍼스널 컬러는 한 걸음 더 다음 세계로 나아가고 있다.

퍼스널 컬러 진단

Spring

· 노랑, 오렌지에 봄의 푸릇푸릇한 신록의
연두색, 화려한 꽃밭처럼 빛나는 따뜻함
이 있는 색이 어울린다.
· 순색이나 명청색

BLUE BASE

Summer

· 초여름의 하늘이나 바다와 같이 깨끗하고
산뜻한 색으로, 시원하고 윤택한 색이 잘
어울린다.
· 중간색이나 명청색

YELLOW BASE

Autumn

· 가을의 결실을 연상시키는 풍부하고 따
뜻함이 있는 색으로, 상징색은 빨강이다.
불타오르는 대지의 색이 잘 어울린다.
· 중간색, 암청색

BLUE BASE

Winter

· 차갑게 맑은 한색(寒色) & 어두운색 그리고
선명한 색이 어울린다.
· 순색, 낮은 채도와 높은 채도의 명청색,
암청색

POINT 봄, 여름, 가을, 겨울

퍼스널 컬러는 사람이 가진 색이 아니라 어울리는 색을 말합니다.
옐로 베이스의 사람은 다시 '봄, 가을'로 나뉘고, 블루 베이스의 사
람은 다시 '여름, 겨울'로 나뉘요. 계절에 빗대어 4가지 유형으로
나누어 진단합니다.

색-자소 공감각

◉ 형태에서 색이 보인다

사람의 시각, 청각, 촉각, 미각, 후각은 별도의 감각기관이지만 감각이 각각 독립되어 있지 않고 서로 다른 감각이 결합된 신경 현상을 공감각이라고 한다.

음악을 들으면 색이 보이거나 달력의 숫자에 색이 보이는 사람도 있다. 공감각에는 150종류 이상의 형태가 있다고 알려져 있다. 그중 가장 많은 것은 문자나 숫자에 색이 보이는 현상(색-자소 공감각)이다.

어떤 문자, 숫자가 무슨 색으로 보이는지는 같은 공감각자라도 차이가 있는 것 같은데, 알파벳 A를 보고 빨강을 떠올리는 사람이 많다고 한다.

공감각의 원리에 대해서는 일부 보고되고 있지만, 아직까지 완전히 해명되지는 않았다.

◉ 공감각의 원리

생후 얼마 되지 않은 유아는 다른 감각 사이에 신경 결합이 있고, 생후 3개월이 지나면 제대로 정립된다. 이때 제대로 정립되지 않고 남아 있기 때문이라고 보는 설이 있다. 또한 뇌의 특정 부위가 훼손된 것이 원인이라고 생각하는 연구자도 있다. 또는 유전적인 이유를 원인으로 생각하는 연구자도 있다.

공감각은 아주 일부의 사람만이 갖고 있다고 여기지만, 최근에는 그렇게 적지 않은 것으로 밝혀졌다. 후천적으로 공감각이 돌아오거나 강해지는 사람도 있어 극히 일부 사람에게만 나타나는 감각은 아닐 가능성도 있다.

색에 문자가 보인다

문자 주위에 색의 기운이 보이거나, 문자나 숫자에 색이 보이는 감각(실제로 보이는 사람과 머릿속에 떠오르는 사람이 있다).

공감각에는 다양한 형태가 있다

A B C

문자가 색으로 보인다
(색-자소)

소리에 색이 보인다
(색청)

사람에게서 색과 모양을 인식하는 사람도 있다. 빨강, 노랑, 녹색 등 감정에 따라 강하게 드러나는 색과 모양이 변화하는 일도 있다.

공감각에는 다양한 종류가 있지만, 가장 많은 것은 색-자소 공감각이다.

공감각을 가진 유명인사

일본의 작가 미야자와 겐지는 음악을 들으면 정경(情景)이 보이는 것으로 알려져 있다. 바람 소리가 말이 되어 들렸다와 같은 표현 등 그의 작품은 공감각자다운 표현이 많이 있다. 음악가 리스트, 화가 뭉크, 레오나르도 다 빈치도 공감각자라고 한다.

POINT 아기의 공감각 능력

아기에게 눈가리개를 하고 공갈 젖꼭지를 빨게 한 후 다른 형태의 것을 섞어 보이면 아기는 자신이 먹던 젖꼭지를 본다고 합니다. 눈뿐만 아니라 입으로도 물건을 보고 있다는 얘기지요. 이것은 다른 감각 사이에 신경 결합이 있기 때문인 것으로 추정됩니다.

4색형 색각

⊙ 색각의 다양성

일본인 남성의 약 5%에 색각 이상(color blindless) 있다고 알려져 있다. 색각 이상이 있는 사람은 빨간색과 녹색을 구별하는 것이 어렵다.

이유는 중파와 장파장에 강한 반응을 나타내는 M 원추 또는 L 원추가 없거나 또는 기능이 약하기 때문이다. 여성에게 색각 이상이 있는 사람은 1% 미만에 불과하다.

⊙ 제4의 색각

남녀의 색각 이상 비율에 차이가 있는 것은 염색체의 차이에 따라 달라진다. 사람은 22쌍의 상염색체와 1쌍의 성염색체가 있다. 여성의 성염색체는 XX, 남성은 XY로 X 염색체의 수가 다르다.

M 원추와 L 원추의 유전자 정보는 모두 X 염색체에 있고 어느 유전자에 이상이 있는 경우, 여성은 2개의 X 염색체 중 하나는 정상이기 때문에 직접 이상이 드러나는 것은 아니다. 반면 X 염색체가 하나밖에 없는 남성은 유전자에 이상이 있으면 색각 이상이 발현한다.

또한 L 원추는 2종류가 있다는 연구 보고도 있어, 감도의 피크가 4~7nm 정도 약간 어긋나 있는 것으로 알려져 있다. 여성은 유전적으로 L 원추가 2종류일 가능성이 있으며, 총 4종류의 원추를 가진 사람이 드물게 있을 수 있다.

4색형 색각을 가진 사람은 일반인이 느낄 수 없는 미묘한 색의 차이를 구분할 수 있다고 알려져 있다.

남녀에 따라 달리 보일 가능성

4색형 색각의 유전상의 성차(性差)

대응하는 감도의 피크가 다른 2종류의 L 원추가 있다.

L 추체를 만드는 유전자는 X 염색체에 있다.

여성

XX **XX**
XX **XX**

이런 사람이 4색형 색각이
될 가능성이 있다.

여성

XY **X**Y

남성은 4색형 색각을
가질 수 없다.

감도의 피크가 다르다

가시광선

380nm   780nm

피크가 어긋나 있다.

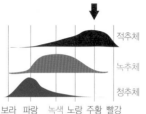

적추체
녹추체
청추체

보라 파랑 녹색 노랑 주황 빨강

※색은 이미지이다.

4색형 색각자의 감각

Q. 다음 중 다른 색은 무엇인가?

A   B   C

4색형 색각자라면
이러한 색의 차이를
알 수 있지

정답은 A.
(노란색 기가 아주 조금 있다)

P O I N T **빨간색에 민감한 여성**

여성은 사회적 관습에 의해 어린 시절에는 본인의 취향에 관계없이
빨간색 옷이나 빨간색 물건을 당연히 선택하는 경우가 많습니다. 그
결과 뇌의 학습 기능에 의해 붉은색에 민감하게 반응하게 되었다고
추측할 수 있습니다(개인차 있음).

변화하는 색 이름과 색

시대와 함께 변화하는 색

색은 시대와 함께 항상 변화하고 있다. 민감하게 반응할 건 없지만 많은 사람들의 인식 변화와 흐름은 색채 심리를 배우는 사람으로서 알아야 할 필요가 있을 것이다.

◉ 분홍색의 변화

분홍색은 '빨간색을 밝게 한 색', '빨간색에 흰색을 섞은 색'이라고 이해하는 사람이 많을 거로 생각한다.

그런데 먼셀의 빨강(R) 명도를 높인 오른쪽 페이지의 분홍색[C]은 노랑에 치우친 분홍색으로 느끼는 사람이 많다. 사실, 많은 사람들이 분홍색이라고 느끼기 쉬운 것은 빨간색이 아닌 적자(RP)를 밝게 한 푸른 기를 띤 분홍[A], [D]이다.

과거에는 빨강의 명도를 높인 분홍색이 많았지만, 최근에는 적자색의 명도를 높인 분홍색을 사용하는 상업 제품이 늘어나면서 그것을 분홍색이라고 인식하는 사람이 증가한 것으로 생각된다(56,668명 중 약 84%가 적자색으로 만든 분홍색을 더 분홍색답다고 평가했다).

◉ 노란색의 변화

마찬가지로 노란색으로 인식되는 색이 변화하고 있다. 일본의 노란색은 감법혼색(CMY)의 원색 Y100% 색에 M을 약간 더한 붉은 기를 띠는 노란색[B]인데, Y100%의 색[D]을 노란색으로 인식하는 사람이 증가하고 있다(59,015명 중 약 74%가 [D]의 노란색을 가장 노란색 같다고 인식했다, 모두 포포 포로덕션 조사 2019).

변화하는 색

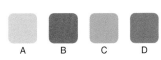

분홍색의 변화

A : 적자색(마젠타 30%)
B : 5R에서 조금 적자색에 치우친 분홍색
C : 5R을 희석한 분홍색
D : 적자색(마젠타 65%)

A B C D

자신이 생각하는 분홍색은 어떤 색이냐고 질문한 결과, 84%가 적자색으로 만들어진 분홍색인 A와 D를 분홍색이라고 대답했다.

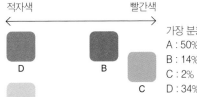

적자색 ← → 빨간색

D B

C

A

가장 분홍색이라고 느낀 색
A : 50%
B : 14%
C : 2%
D : 34%

보기에 예쁘다는 이유에서 마젠타를 핑크로 사용하는 제품이 증가하고 있기 때문으로 생각된다.

노란색의 변화

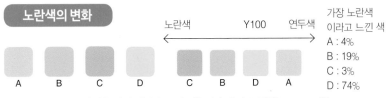

노란색 Y100 연두색

A B C D   C B D A

가장 노란색
이라고 느낀 색
A : 4%
B : 19%
C : 3%
D : 74%

당신이 생각하는 노란색은 어떤 색이냐고 질문한 결과, D의 노란색(옐로 100%)을 74%의 사람이 노란색이라고 답했다.

POINT 선호하는 파란색의 남녀 차

파란색은 남녀에게 사랑받는 색상이지만, 남성과 여성이 좋아하는 색조는 다릅니다. 남성은 시안과 같은 밝고 선명한 파란색을 좋아하고 여성은 울트라 마린과 같은 약간 보라색에 치우친 색을 선호하는 경향이 있습니다. 현대의 여성은 보라색을 좋아한다니까요.

컬러 커뮤니케이션

역대 미국 대통령은 색채가 갖는 이미지의 힘을 활용하여 자신이 하고 싶은 일을 많은 사람들에게 전달하는 것에 능숙하다. 취임 연설이나 국민에게 무언가를 제시하고 싶을 때는 유달리 빛나는 열정적인 진홍색 넥타이를 맨다. 이로써 국민에게 강한 지도자로서의 면모를 보여서 강력한 지지를 얻을 수 있다.

어떤 색의 옷을 입고 어떤 메시지를 전달할 것인지를 생각하는 것은 매우 중요하다.

◉ 컬러 커뮤니케이션

원만한 인간관계를 원하는 경우에도 색을 잘 활용하면 도움이 된다. 이때 주의해야 할 점이 몇 가지 있다.

●첫 대면

첫 대면을 할 때는 감색, 흰색, 검은색은 가급적 피하는 것이 좋다. 첫 대면에 군이 이들 색을 전략적으로 선택하는 사람이 많지만, 차가운 인상을 줄 수 있다.

●사이좋게 지내고 싶다

오렌지색 계열에서 분홍색 계열의 색, 살구와 새먼핑크 언저리의 색을 의식해보자.

●사과하고 싶다

사과를 할 때는 성실하게 보이는 감색 계열을 추천하는데, 그 이유는 파란색의 진정 효과가 상대의 분노를 가라앉히기 때문이다. 흰색 셔츠로 성실함을 표현해도 좋다. 남성이라면 사과를 하는 상황에서 분홍색은 절대로 피해야 한다.

컬러 커뮤니케이션의 추천

첫 대면

NG 첫 대면 시에는 감색, 흰색, 검은색 등을 선택하는 것이 보통이지만, 긴장감에서 이야기를 할 수 없는 차가운 인상을 준다. 자신의 색을 표현할 수 있는 것을 추천하고 싶다. 색이 당신의 매력을 대변해준다.

사이 좋게 지내고 싶다

분홍색, 오렌지색, 살구색과 같은 부드러운 이미지의 따뜻한 색 계열로 친근감을 연출하는 것이 좋다. 새로운 것을 좋아하는 상대에게는 노란색도 자극적으로 비치어 깊은 인상을 남길 수 있다.

사과하고 싶다

사과를 할 때는 튀지 않는 색으로 주장하지 않는 느낌을 주는 것이 좋다. 상대를 냉정하게 하는 감색이나 자신을 방어하는 검은색을 추천한다.

POINT 미러링

상대방과 사이 좋게 지내고 싶을 때는 색에 신경을 쓰는 외에도 미러링을 의식해보는 것도 좋습니다. 미러링은 상대의 행동을 흉내 내는 것을 말하는데요. 가령 상대가 음료를 마시면 자신도 마시는 등의 행위를 따라 합니다. 말하는 속도를 맞추면 상대의 기분이 좋아질 겁니다.

원하는 성격으로 변화한다

◉ 색으로 성격을 바꿀 수 있다

포포 프로덕션은 색채 심리 연구하는 가운데, 수백 명의 성격 분석을 통해 색의 취향과 성격의 관계를 체계적으로 정리했다. 색에 의해 성격 영향을 받는 사람이 약 80% 이상으로 나타나고, 색의 취향과 성격의 관계에는 일정한 상관관계가 있는 것으로 판단된다.

또한 색 취향을 보고 성격 경향을 간파할 뿐 아니라 색으로 성격을 바꾸는 것에 대한 연구도 계속하고 있다. 색은 성격을 바꾸는 도구가 될 가능성이 높다는 것이다. 색이 성격을 바꾸는 효과로는 다음과 같은 것을 생각할 수 있다.

① 색은 표층 의식뿐만 아니라 심층 심리에 영향을 미친다.
② 성격을 바꾸는 데 중요한 것은 환경의 변화이다. 색을 사용해서 환경에 새로움을 줄 수 있다.
③ 색에 따라 반응이 변화한다. 반응의 변화는 성격이 바뀌는 계기가 된다.

특정 성격 경향이 두드러진 사람은 특정 색을 추구한다. 색 취향과 성격은 서로 영향을 주므로 '성격'을 바꾸고 싶다면 색 취향을 바꾸면 된다. 사람은 일생을 통해 환경의 변화와 경험에서 색 취향이 바뀌고 동시에 성격도 변화한다. 소유물의 색을 바꾸거나 옷의 색을 바꿈으로써 성격의 변화에 도움을 줄 수 있다.

좋아하는 색과 성격의 변천

색 취향은 변화한다

2년 전	즐거운 나날이었지만
1년 전	좋지 않은 기억이 있어 마음을 닫았다
지금	몹시 아프다

분석하지 않아도 돼…

색의 취향은 변화한다. 왜 변했는지를 살펴보면 환경의 변화에 의해서 달라졌을 가능성도 있다. 환경에 따라 성격이 변화한다. 성격의 변화에 따라 색의 취향도 달라진다.

반대로, 색의 취향을 바꾸면 성격이 바뀔 수 있다

어떤 이유에서 색이 성격을 바꾸는 걸까

파란색은 마음이 안정되네~

색은 마음 깊은 곳에 영향을 미친다.

색의 변화는 환경의 변화로 받아들여진다.

색의 변화는 반응에 변화를 일으켜 성격의 변화를 유도한다.

POINT 성격의 자기 분석

자신의 성격은 자신이 파악하기 어려운 법입니다. 자신의 성격을 나쁘다고 생각하는 사람이 많지만, 그런 일은 없습니다. 정확하게 자신의 성격을 파악하기 위해서라도 좋아하는 색을 통해 자신의 마음을 들여다보는 것도 중요하지요. 단점이라고 생각되는 점도 알고 나면 장점이 되기도 하니까요.

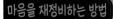

마음을 다잡는 색 사용법

누구든지 심적으로 깊이 가라앉는 일이 있을 것이다. 그런 때야말로 색이 여러분을 구해줄 것이다.

우리의 의식은 현재의식(표층의식)과 잠재의식(심층의식)이 있어 아무리 현재의식에서 일어서려고 해도 어려운 경우가 있다. 색은 잠재의식 깊은 곳에 작용한다. 깊이 침체될 때 색으로 마음을 다잡는 방법을 정리한다.

① 자기 암시

자신에게 암시를 거는 방법은 그리 만만치 않다. 자신은 이미 충분히 힘든 곳에 있기 때문에 더 이상 여기에 머물러 있어 봐야 건설적이지 않다. 그러니 앞으로 나아가기 위해 거울 앞에서 자신에게 말을 건다. 이때 큰소리를 내서 자신의 이름을 부르며 '○○야 고마워'를 3번 외쳐보기 바란다.

② 색을 사용하여 일어선다

22페이지에서 소개한 활기를 불어넣는 색, 46페이지에서 소개한 쉬고 싶다, 48페이지에서 소개한 치유받고 싶다, 56페이지에서 소개한 스트레스를 안 받고 싶다 중에서 자신이 편안하게 느끼는 색을 선택하고, 그 색을 보면서 자신의 몸 안에서부터 정화되어 원래 상태로 돌아가는 시각적 상상을 해보자. 핸드폰 케이스, 수첩, 가방 등 몸에 지니는 물건에 색을 사용해도 좋다.

③ 잘 될 거라고 되뇌인다

색의 힘이 자신의 몸속을 돌고 있고, 그 영향을 받고 있다고 상상을 해보자.

색은 마음을 구해준다

기분이 가라앉았을 때
색은 마음을 구해준다.

❶ 자기 암시

거울 앞에서 노력한 자신에게 '고맙다'고 말을
건넨다. 그리고 '나라면 예전으로 돌아갈 수 있
어'라고 말을 건넨다.

❷ 색을 사용해서 일어선다

마음의 치유, 활기를 되찾는 등 목적에 따라 색
을 선택해 보는 것만으로도 효과가 있다. 또한
소지품의 색을 바꾸어보자. 자신이 좋아하는
색을 사용해도 좋다.

❸ 잘 되고 있는 상상을 한다

색의 힘이 자신의 몸속을 순환해서 효과가 일
어나고 있다고 상상한다. 기분을 억지로 끌어
올린다고 해도 진정한 치유는 되지 않는다. 마
음 깊은 곳에서 끌어올릴 필요가 있지만, 그러
기 위해 색은 효과적으로 작용한다.

P O I N T 자기 성취 예언

자신은 원래 상태로 돌아갈 수 있다고 생각하고, 돌아간 후를 상상
하면 정말로 돌아가는 것을 심리학에서는 자기성취예언이라고 합니
다. 이 힘은 꽤 강력하답니다. 성공한다는 상상을 해보세요(원래 상
태로 돌아가는 이미지).

시대에 맞는 색 사용법

앞으로 우리가 색과 마주할 때 주의해야 할 사항을 정리했다. 색채 표현의 방향성에 대해 생각해보자.

◉ 전달성

상업에 사용하는 색에는 전달해야 할 테마가 있어, 그것을 무시하고 외형만을 생각하고 평가해서는 안 된다. 왜 이 색으로 설정했는지를 의식해야 한다. 색을 사용하는 경우는 '색으로 무엇을 전달하고 싶은지', '어떤 이미지를 주고 싶은지', '알기 쉽게 사용되고 있는지'를 생각하는 것이 매우 중요하다.

◉ 기능성

모든 디자인은 기능성을 생각하고 색을 선택해야 한다. 기능에 맞는 색은 아름답고 사용 편의성으로도 이어진다. 예를 들어 가게를 소개하는 전단지는 제품 소개, 구색, 매장 위치를 알기 쉽고 눈에 띄는 색을 사용하는 기능성이 중요하다.

◉ 만인성

색은 여러 사람이 보는 것을 전제로 설정해야 한다. 가까운 예로 유니버설 디자인*이 있다. 기차역의 사인은 단순히 색을 구분하는 것뿐만 아니라 역 번호와 사인 시스템을 도입해서 색으로도 알 수 있고, 숫자로도 알 수 있는 '누구나 알 만한 디자인' 개념을 실천하고 있다.

----

*유니버설 디자인(universal design) : 누구나 손쉽게 쓸 수 있는 제품 및 사용 환경을 만드는 디자인

3가지 색채 표현 포인트

전달성
· 너무 예쁘다.
· 안전할 것 같다.

기능성
· 잘 보인다.
· 한눈에 띈다.

만인성
· 성별, 연령, 국적 등과 관계없이 쉽게 이해하기 쉽고 눈길을 끈다.

픽토그램은 픽토(picto)와 전보를 뜻하는 텔레그램(telegram)의 합성어로, 사물과 시설 그리고 행동 등을 상징화하여 불특정 다수의 사람들이 빠르고 쉽게 이해할 수 있도록 나타낸 시각 디자인을 말한다.

POINT 대상에 따라 색상을 변경

유니버설 디자인과는 반대로 보는 사람이 한정된 경우는 대상에 적합한 색상의 연출이 있습니다. 감각기관이 발달 단계에 있는 어린이는 선명한 색상이 쉽게 전달됩니다. 여성 대상의 정보라면 빨강 계열, 남성이라면 블루 계열이 좋겠지요.

색과 마음이 마주하는 방식

색에 휘둘리지 않고 색채 심리를 잘 다루어 풍요로운 삶을 살아가자. 그러기 위해 색과 함께 자신답게 사는 요령을 정리했다.

① 개인색을 결정

여기까지 다양한 색의 심리적 효과와 색을 소개했는데, 모든 것은 여러분의 개인색을 정하기 위한 전주곡이라고 할 수 있다.

색의 효과, 색의 의미, 직감으로도 좋으니 '이 색이 나는 좋다'고 생각하는 색을 자신만의 색로 삼는다. 그리고 다른 사람이 물으면 대답할 수 있도록 해둔다.

그때 빨강, 분홍과 같은 기본색이 아닌 스칼렛, 노을색, 소녀색, 패랭이꽃색 등 이름으로 남들에게 어필하고 싶은 색 이름을 붙여보자.

② 상대의 색을 찾아낸다

자신의 색을 찾았으면 상대의 개인색도 찾아보자. 상대의 성격을 생각하고(60~75페이지), 상대방이 기분 좋게 여길 만한 색을 찾아주자. 전문가로서도 좋으며, 가족에게 조언하는 것도 좋을 것이다. 색 이름도 붙여주면 좋다.

그리하여 상대의 매력을 색에 맞춰 전해보자. 좋은 점을 보는 시각은 여러분 자신에게 도움이 된다.

색을 사용하여 자신답게 ❶

① 개인색(자신의 색)을 결정한다

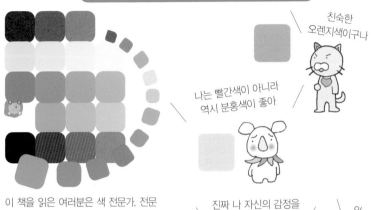

친숙한
오렌지색이구나

나는 빨간색이 아니라
역시 분홍색이 좋아

진짜 나 자신의 감정을
깨달았어

와~

이 책을 읽은 여러분은 색 전문가. 전문가라면 명함 대신 자신이 좋아하는 색 이름을 선뜻 전하는 것이 중요하다. 그러한 습관은 여러분에게 자신감을 부여해준다.

❷ 상대의 색을 찾아낸다

너는
퓨어 화이트

곰은 조화와 평화의
상징인 에버그린

자신의 색을 정한 사람은 가족이나 지인의 성격 경향을 보고 멋진 이름을 붙여주면 좋다. 분명 기뻐할 것이다.

색과 마음이 마주하는 방식

③ 남에게 뒤지지 않는 지식을 습득한다

자신답게 살기 위해서 '이것만큼은 누구에게도 지지 않는다'라고 할 만한 무기를 몸에 익힐 것을 추천한다. 색채 심리 효과를 잘 알아도 좋고 색과 성격의 관계를 자연스럽게 말할 수 있어도 좋다.

누군가에게 말하고 싶어지는 지식을 획득하면 무의식중에 자신감과 높은 자기 평가가 축적된다. 자신감은 다양한 것에 도전하는 밑거름이 된다. 자체 평가가 향상되면 자신이 가치 있는 존재라고 인식하는 자존감이 높아져 다른 사람의 말에 크게 신경을 쓰지 않게 된다. 남에게 뒤지지 않는 지식이 하나 있을 뿐인데 가슴을 펴고 당당하게 살 수 있게 된다. 그것이 자신다움이 되어 간다. 남에게 뒤지지 않는 것을 익히고 '자기다움'을 갖고 있는 사람은 스스로 빛나는 것을 깨달을 것이다.

④ 상대의 시선에서 생각한다

자신다움이란 무엇일까? 생각한 것을 말하고 하고 싶은 일을 하면 된다고 생각할지도 모르지만, 오히려 대답은 그 반대이다.

상대를 생각하지 않고 생각대로 말하고 행동하는 것은 그저 제멋대로 구는 것에 불과하다. 우리는 무언가를 표현할 때 그것을 받아주는 상대가 있어야 비로소 커뮤니케이션이 성립한다. 색은 무언으로 다양한 일을 해준다. 상대가 어떻게 느끼는지를 생각하고 색을 사용할 수 있도록 하자.

색을 사용하여 자신답게 ❷

❸ 남들에게 뒤지지 않는 지식을 습득한다

고민되네~
색채 심리 지식에는
자신감이 생겼지만

뭘까
상대의 마음을
꿰뚫어 보는 힘일까

'이건 절대로 지지 않는다'는 자신만의 무기를 가지면 자존감이 높아져서 다른 사람과 비교하지 않고 자신의 길을 나아간다. 남들에게 휘둘리지 않는 자신만의 무기를 갖자. 색채 심리 지식은 그런 당신의 무기로 사용할 수 있다.

❹ 상대의 시선에서 생각한다

코뿔소의
성격이라면…

고양이의
성격이라면…

상대를 생각하면 공감 능력이 높아지고, 공감 능력은 마음의 안정으로 이어진다. 상호 보완적인 색의 힘을 사용하면 매우 강력한 효과를 기대할 수 있다.

에필로그

빨강 색신의 색채 심리학이 끝나고 새빨간 본당에서 나오는 코뿔소와 고양이의 모습이 보였습니다.

"재미있었어 그치? 많이 배웠어."라고 색채가 말합니다.

"그래? 모르는 얘기투성이던데."라고 고양이가 말을 이었습니다.

코뿔소와 고양이는 만족한 표정이었습니다.

"졸업 축하해."

눈앞에 빨간머리 색신이 있었습니다.

"코뿔소는 분홍색이 되었구나."

빨강 색신은 분홍색으로 변한 코뿔소를 바라봤습니다.

"네. 역시 이 부드러운 색이 나한테 가장 잘 어울리는 것 같아요."

"음. 좋아. 자신이 좋아하는 색을 갖는 게 가장 좋은 거지. 자신답게 자신의 색을 갖는 것이지."

고양이는 분홍색이 된 코뿔소를 보고 왠지 조금 쓸쓸한 기분이 들었습니다.

"고양이도 마음을 회복했구나?"

"응?"하며 고양이는 이해가 안 된다는 표정을 지었습니다.

"펜던트 색을 봐."

고양이는 자신의 목에 걸린 펜던트를 봤습니다.

"어! 색이 다시 돌아왔네!"

어둡고 칙칙한 펜던트는 온화하고 부드러운 분홍색으로 바뀌어 있었습니다.

"몰랐어? 색 공부를 하면서 조금씩 원래대로 돌아온 거야."

고양이는 입을 쩍 벌리고 들었습니다.

"마지막으로 이야기하고 싶은 것이 있어."

"네."

"색의 효과는 우리의 상상을 뛰어넘어 마음 깊은 곳에서 다양한 효과를 만들어내지. 색의 힘은 만만치 않아. 색의 취향은 마음속에 있는 성격도 나타내지. 좋아하는 색을 알면 성격을 알 수 있는 좋은 실마리가 돼. 색을 알면 자신도 모르는 자신이 보여. 또 색을 사용하면 사람의 마음을 움직일 수 있지."

"네."

"앞으로 지구에 사는 생물들에게는 다양한 문제가 닥칠 거야. 재해, 전염병, 사고 등 여러 문제가 산적해 있어. 그러면 마음이 비뚤어져. 자신의 마음이 흔들려서 상대를 공격하는 일도 많을 거야. 모두 마음이 불안해지는 거지. 그럴 때 '색신 색채 심리 학원' 졸업생들은 색을 조종하여 자신의 마음을 지키고 다른 사람의 마음을 도와주길 바라. 색은 아름다운 그림을 그릴 때만 사용하는 게 아냐. 사람의 마음을 그리는 것이기도 하지. 색의 가능성은 무한해."

"네."

코뿔소와 고양이는 서로의 얼굴을 보고 조금 자신 없는 듯한 얼굴을 했습니다.

"이봐. 강해지고 싶을 때, 용기를 갖고 싶을 때 보는 색깔은 무슨 색이더라."

"그러니까, 카마인이나 붉은색 같은 빨간색이지."

"너희들의 앞에 있는 색신은 누구지?"

"빨강 색신이야."

"내가 곁에 있으니 자신감을 가져."

"네!"라고 둘은 힘차게 대답했습니다.

색은 아름다운 그림을 그릴 때만 필요한 건 아닙니다. 사람의 마음을 그린다는 말이 코뿔소의 마음을 흔들었습니다.

"오빠~"라고 어디선가 아이의 목소리가 들렸습니다. 이쪽을 향해 오는 작은 두 개의 그림자가 있습니다.

작은 분홍색과 하늘색의 코뿔소가 숨을 헐떡거리며 달려왔습니다.

"뭐야, 너희들. 무슨 일이야? 남동생과 여동생입니다."라고 코뿔소는 말했습니다.

"막내가 색이 변해버렸어요."

"뭐? 막내가 색이 변했다고?"

"막내가 왕따를 당해서…."

"어쩌다 그런 일을."이라고 코뿔소는 한숨을 쉬었습니다.

겁먹은 코뿔소의 몸이 점차 하얗게 변했습니다.

"아, 다시 흰색으로 돌아왔다."라고 고양이는 말했습니다.

"뭐, 왕따를 당했다고?"라며 고양이는 흥미롭게 듣고 있습니다.

"코뿔소는 마음이 매우 섬세한 생물이야. 자신감을 잃으면 색을 잃어. 마음이 깊이 침체되면 가라앉아서 주위에서 보이지 않게 돼. 투명한 것처럼 보이지 않게 되는 거지."

동요하고 있는 코뿔소 대신 빨강 색신이 이렇게 대답했습니다.

"어떻게 하지. 하지만 내가 해야만 해. 해야만 해. 막내의 자신감을 되찾아야지. 색으로 되돌려야지."

코뿔소는 그렇게 말하고 빨강 색신에게 깊이 인사를 하고 동생들의 손에 끌려 그 자리를 떠나려고 했습니다.

다시 돌아왔다

"잠깐만 기다려."

빨강 색신이 코뿔소를 불러 세웠습니다.

"차를 준비했으니 타고 가."

색채 옆에 빨간 스포츠카가 멈춰 서있고
스포츠카 옆에 새빨간 슈트를 입은 남자가 서 있었습니다.

"알프레드야. 그가 운전할 거야."

빨당 색신은 멍하니 서 있는 코뿔소 형제에게 차에 타라고 재촉했습니다.

"고양이 너두 함께 와."

코뿔소는 고양이의 손을 잡아끌어 차 뒷좌석에 태웠습니다.

"벨트 매."라고 알프레드가 말을 하자 차는 달렸습니다. 갑자기 방향을
바꿔서 본당 뒤쪽으로 돌자 차는 터널 안쪽으로 사라졌습니다.

터널 안은 붉은 길로 그 길 위에 빨간색 스포츠카가 달려갑니다.

"어째서 길이 빨갛지?"라고 고양이가 말했습니다.

"사실 출구까지 바로 도착하지만 조금 더 달리고 있는 것처럼 느끼도록
빨강 색신이 배려한 것입니다."

알프레드가 대답했습니다.

"감사합니다."라고 고양이가 조금 기가 막힌 듯이 말했습니다.

"코뿔소의 세계도 왕따가 있구나."

"네. 우리 막내는 너무 착한 아이죠."

고양이는 남을 괴롭힌 일이 많았기 때문
에 난처했습니다.

"자, 이제 상대와의 관계를 개선하기 위해
색의 힘을 어떻게 사용하는지 그리고 또 한

가지 지식을 가르쳐줄게."

어느새 빨강 색신이 알프레드 옆에서 얼굴을 내밀었습니다. 거기에 있던 코뿔소들과 고양이는 놀랐습니다.

"어, 무슨 일이야?"

"후후후, 알았어. 지금부터 그 이야기를 도착할 때까지 할 거야."

빨강 색신은 자랑스러운 얼굴로 이야기를 시작했습니다.

하지만 그건 또 다른 이야기.

빨간 길 위를 달리는 스포츠카의 속도가 빨라졌습니다. 붉은 길이 마치 미래를 향해 융단처럼 보였습니다.

◆◆ 색 신 ◆ 일 람 ◆

◎ 빨강 색신

정의감이 강한 행동파이고 빨간색을 주관하는 신이다. 도움이 필요한 사람이나 동물을 보면 자기도 모르게 도와준다. 색신 중에서도 역사가 깊고 리더적인 존재로, 사람과의 관계가 깊다.

◎ 노랑 색신

새로운 것, 재미있는 것을 좋아하는 노란색 색신. 장난을 쳐서 사람을 놀라게 하는 일도 있다. 튀고 싶어 하면서도 수줍어 하는 조금은 까다로운 색신.

◎ 녹색 색신

온화한 성격으로 조화를 중시하는 치유의 색신. 보통은 자연에 머물며 사람 앞에 좀처럼 나타나지 않는다. 항상 자신의 페이스를 무너뜨리지 않는 마이 페이스 타입의 색신.

◎ 파랑 색신

자신감이 없고, 무언가를 무서워하는 소심한 색신. 자신의 생각을 말로 잘 표현하지 못해 조언과 해설을 못한 채 머뭇거리는 경우도 있다.

◎ 보라 색신

예술을 사랑하는 색신. 그러나 심리적으로 불안정해서 행동과 생각을 번복한다. 최근 보라색이 인기를 끌면서 바빠져서 대체로 어딘가에서 절망하고 있다.

◎ 청자색 색신

모두에게 사랑받는 젊은 색신. 보라 색신의 딸. 감수성이 예민한 시기이지만 보라 색신보다 상당히 안정되어 있다.

◎ 주황 색신

명랑하고 항상 노래를 부르는 주황색 색신. 모든 것을 감싸는 큰 포용력으로 색신 중에서도 어머니적인 존재. 그녀를 연모하는 일반 신도 많다.

다채로운 사계절이 1년 내내 표정을 바꾸는 색채 속에서 우리는 살고 있습니다. 풍부한 색채 감각을 기를 수 있는 환경이기도 합니다. 그러나 그런 환경임에도 불구하고 많은 사람들이 풍부한 색채를 제대로 다루고 있지 못한 거 같습니다.

미국에서는 여러 분야에서 전략을 짜는 데 색을 이용하고 있는데요, 정치인뿐만 아니라 개개인도 색채의 이미지를 활용하는 사람들이 많이 있습니다. 심리학이 인기를 끌고 있는 중국에서는 색채 심리를 주제로 다루는 TV 프로그램도 있습니다.

색채 심리는 아직 그 역사가 짧아 많은 사람들이 활용하지 못하는 것이 현실입니다. 매우 아까운 일이라고 생각합니다. 그러나 반대로, 지금 색채 심리의 지식을 갖는 것은 매우 가치가 있다고 할 수 있습니다.

물론 색에 대한 오해도 존재합니다. 우리는 색 이름에서 색을 점(点)으로 파악하는 경향이 있습니다. 본문에서 색신도 지적한 바와 같이, 색은 원래 자연물에서 유래하는 것이 많아 점이 아닌 범위입니다.

이 책도 많은 색을 게재하고 수치 데이터화했습니다만, 그 데이터만이 지정 색이라는 얘기는 아닙니다. 색은 사전이나 도감에 따라서도 제각각입니다. 상업적으로 사용되는 색상 등은 항상 변화하고 있습니다. 점으로 파악하지 않고 색 이름에도 지나치지 얽매이지 않고 비슷한 색으로 생각해주기 바랍니다.

또한 색상을 어울린다 또는 어울리지 않는다로 매칭하는 것이 아니라, 어떤 색과 조합하느냐에 따라 다른 이미지를 준다는 것도 명심해주었으면 합니다.

 색 조합은 어떤 이미지를 표현할 것인지에 따라 결정하도록 하세요. 이제 색의 세계에 금기는 없습니다. 색을 더 자유롭게 사용해봅시다.

 이 책의 색채 심리 효과는 전 세계 연구자의 논문과 연구 결과를 참고로 했습니다. 물론 포포 포로덕션이 독자적으로 조사, 연구한 것도 다수 포함되어 있습니다. 실험은 조건이 변화하면 결과도 달라질 수 있으므로 맹목적으로 믿지 말고 심리 경향의 하나로 참고해주었으면 합니다.
 색은 정말 사소한 차이로 큰 변화를 만들어낼 수 있습니다. 매우 복잡하지만, 그래서 재미있습니다.
 이 책을 통해 색의 힘과 색의 자유로움을 느낀다면 저자로서 더 바랄 나위 없겠습니다.

2020년 9월
포포 포로덕션

〈색과 성격의 심리학〉 포포 포로덕션, 일본문예사(2018)

〈디자인을 과학하다〉 포포 포로덕션, SB크리에이티브(2009)

〈색신과 색의 비밀〉 포포 포로덕션, PHP연구소(2012)

〈만화로 이해하는 색상 재미있는 심리학〉 포포 포로덕션, SB크리에이티브(2006)

〈만화로 이해하는 재미있는 심리학 2〉 포포 포로덕션, SB크리에이티브(2007)

〈색채와 심리의 재미있는 잡학〉 포포 포로덕션, 야마토쇼텐(2010)

〈색의 비밀〉 노무라 쥰이치 저, 네스코(1994)/문예춘추(2015)

〈인간의 눈, 놀라운 진화〉 마크 챈기지 저, 이시다 히데타카 해설, 시바타 히로유키 역, 하야카와쇼보(2020)

〈의식적인 행동의 무의식적인 이유 심리 비주얼 백과인지 심리학편〉 코시 케이타 저, 소겐샤(2018)

〈피아노는 왜 검은색일까〉 사토 신야 저, 겐토샤(2007)

〈일본 중세 사상의 재검토〉 아미노 요시히코 저 외, 야마카와출판사(1988)

〈의복 고증서〉 다나카 나오부사 저

〈역세복식고〉 다나카 나오부사 저

〈색명 사전〉 세이노 코스케, 시마모리 공저, 신기원사(2005)

〈배색 사전〉 세이노 코스케, 시마모리 공저, 신기원사(2006)

〈색 이름 사전 507〉 후쿠다 쿠니오 저, 주부의벗사(2017)

〈색의 지식〉 조 카즈오 저, 세이겐샤(2010)

〈신판 일본의 전통색 색명과 색조〉 나가사키 모리테루 저, 2006년, 세이겐샤(2006)

〈카사네의 이로메 헤이안의 배채미〉 나가사키 모리테루 저, 세이겐샤(2006)

〈HV/C 기준 색표〉 Color Atlas(1998)

〈색의 힘 소비 행동에서 성적 욕망까지 사람을 움직이는 색 사용법〉 장 가브리엘 코스 저, 요시다 료코 역, CCC 메데이아하우스(2016)

〈신판 컬러 이미지 차트〉 나구모 하루요시 저, 그래픽사(2016)

【참고 논문 및 참고 홈페이지】

Hsin-Ni Ho, Daisuke Iwai, Yuki Yoshikawa, Junji Watanabe & Shin'ya Nishida. Combining colour and temperature : A blue object is more likely to be judged as warm than a red object.(2014)

Nicolas Guéguen, Céline Jacob. Coffee Cup Color and Evaluation of a Beverage's "warmth quality".(2012)

Masahiro Shibasaki, Nobuo Masataka. The color red distorts time perception for men, but not for women.(2014)

George H Van Doorn, Charles Spence, Dianne Wuillemin.Does the colour of the mug influence the taste of the coffee?(2014)

Pantin-Sohier.Quand le marketing hausse le ton.(2012)

Gil Morrot, Frederic Brochet, Denis Dubourdieu.The Color of Odors.(2001)

Kaori Tamura, Masayuki Hamakawa, Tsuyoshi Okamoto. Olfactory modulation of colour working memory : How does citrus-like smell influence the memory of orange colour?(2018)

Joseph A.Bellizzi, Robert E.Hite, Environmental color, consumer feelings, and purchase likelihood.(1992)

Andrew J.Elliot, Daniela Niesta.Romantic Red : Red Enhances Men's Attraction to Women.(2008)

Sascha Schwarz, Marie Singer.Romantic red revisited : Red enhances men's attraction to young, but not menopausal women. Journal of Experimental Social Psychology, 49 (1), 161-164.(2013)

Tom Clarke, Alan Costall.The emotional connotations of color : A qualitative investigation. Color Research & Application, 33 (5), 406-410.(2008)

Walid Briki, Lina Majed.Adaptive Effects of Seeing Green Environment on Psychophysiological Parameters When Walking or Running.(2019)

Dennis Dreiskaemper, Bernd Strauss, Norbert Hagemann, Dirk Büsch.Influence of red jersey color on physical parameters in combat sports. Journal of Sport & Exercise Psychology, 2013, 35, 44-49.(2013)

Russell A. Hill, Robert A. Barton. Redenhanceshuman performance in contests.
Nature 435 293.10.1038/435293a.(2005)

Hironobu Yoshikawa, Kumiko Kikuchi, Hirohisa Yaguchi, Yoko Mizokami, Sadaki
Takata.Effect of chromatic components on facial skin whiteness.Color Research
& Application 37-4, pp.281-291.(2012)

Kimberly A.Jameson, Susan M.Highnote & Linda M.Wasserman. Richer color
experience in observers with multiple photopigment opsin genes.(2001)

기쿠치 다이스케 외, 어두운 색상이 정말 무겁게 느껴지는가? 무게 인상과 피로감에 미
치는 색의 영향(2007)

오모리 마사코, 나카노 히로시, 미야오 마사루, 입체 영상에서 색채의 진출·후퇴효과의
노화 변화에 대해(2004)

기타오카 아키요시, 구리키 이치로, 아시다 히로시, 색 입체시의 개인차·시거리의 영향·
새로운 모델 '중심설'(2005)

다카하시 케이스케, 색의 진출현상과 팽창현상의 관계에 관한 실험적 연구(1998)

야마시타 마치코, 공간의 색채가 인간의 넓고 좁음의 인상에 미치는 영향에 대해(2018)

카와시마 히노, 가즈노 치에코, 접시 색깔에서 차지하는 청색의 비율이 심리적 맛에 미
치는 영향(2009)

하토리 요스케, 빨간색은 여성을 더 매력적으로 만드는가(2017)

쿠스 하루키, 타케우치 유키, 다나카 다츠히로, 다나베 와카나, 니이하라 아카네, 마츠모
토요코, 학습에 적합한 색상이란? 효고현립고베고등학교(2014)

마루야마 유우, 아카호리 칸지, 2색 인쇄와 단색 인쇄에 의한 기억 효과 차이 제23회 일
본교육공학회전국대회(2007)

다키자와 토모미, 색 자소 공감각의 존재 확률과 사례에 관한 연구 일본인 성인 대상 조
사(2014)

Why All Sale Signs Are Red : The Science of Color in Retail https://www.shopify.
com/retail/store-signs-and-red-signs

고난대학, 알고 있나요? '공부에 효과 있는 수면'법 https://www.konan-u.ac.jp/special/
index.html

Edward H.Adelson http://persci.mit.edu/people/adelson

치바대학, 피부색과 질감의 지각 메커니즘 http://www.chiba-u.ac.jp/research/coe_
gp/result/engineering/post_47.html

일본 복식사 https://costume.iz2.or.jp

색채 심리 도감

2021. 8. 2. 초 판 1쇄 인쇄
2021. 8. 6. 초 판 1쇄 발행

지은이 │ 포포 포로덕션
옮긴이 │ 김기태
펴낸이 │ 이종춘
펴낸곳 │ **BM** ㈜도서출판 **성안당**

주소 │ 04032 서울시 마포구 양화로 127 첨단빌딩 3층(출판기획 R&D 센터)
　　　 10881 경기도 파주시 문발로 112 파주 출판 문화도시(제작 및 물류)

전화 │ 02) 3142-0036
　　　 031) 950-6300
팩스 │ 031) 955-0510
등록 │ 1973. 2. 1. 제406-2005-000046호
출판사 홈페이지 │ www.cyber.co.kr
ISBN │ 978-89-315-5747-3 (13180)

정가 │ 17,000원

이 책을 만든 사람들
책임 │ 최옥현
진행 │ 김혜숙
교정 · 교열 │ 양가희
본문 디자인 │ 임진영
표지 디자인 │ 박현정
홍보 │ 김계향, 유미나, 서세원
국제부 │ 이선민, 조혜란, 권수경
마케팅 │ 구본철, 차정욱, 나진호, 이동후, 강호묵
마케팅 지원 │ 장상범, 박지연
제작 │ 김유석

■ **도서 A/S 안내**

성안당에서 발행하는 모든 도서는 저자와 출판사, 그리고 독자가 함께 만들어 나갑니다.
좋은 책을 펴내기 위해 많은 노력을 기울이고 있습니다. 혹시라도 내용상의 오류나 오탈자 등이
발견되면 **"좋은 책은 나라의 보배"**로서 우리 모두가 함께 만들어 간다는 마음으로 연락주시기
바랍니다. 수정 보완하여 더 나은 책이 되도록 최선을 다하겠습니다.
성안당은 늘 독자 여러분들의 소중한 의견을 기다리고 있습니다. 좋은 의견을 보내주시는 분께는
성안당 쇼핑몰의 포인트(3,000포인트)를 적립해 드립니다.
잘못 만들어진 책이나 부록 등이 파손된 경우에는 교환해 드립니다.